용기를 내어

끝까지 자신의 삶을

사랑하길 바랍니다.

오德均

오덕균 개인 전기집

혼신의 힘을 다한 나의 삶

- 오덕균, 나를 말하다 -

예솔

들어가며

『혼신의 힘을 다한 나의 삶』. 이 책은 오덕균의 구술평전입니다. 신용협동조합연합회 회장과 충남대학교 총장이라는 공적 영역을 넘어 자신의 전 생애를 돌아본 회고록입니다.

시작은 작은 궁금증이었습니다. 날이 갈수록 눈에 띄게 건강이 쇠하는 것 같아 바라보는 마음이 덩달아 초조해졌습니다. 시간이 지난다고 상황이 나아질 리 없었습니다. 워낙 과묵하시고 평소 꼭 필요한 말씀만 하는 분이기에 자식이라 해서 그 삶을 남들보다 세세히 알지도 못했습니다. 단지 어떤 주제가 나오면 한참을 생각한 후 균형 잡힌 시각으로 정확하게 핵심을 짚어주시곤 했습니다. 귀감이 되는 이야기를 들을 때마다 아버지의 생애를 차분히 돌아보지 못한 아쉬움이 컸습니다.

그래서 아버지를 알아가기로 결심했습니다. 2022년 2월, 처음 인터뷰를 시작하고 책이 나오기까지 정확히 1년 걸렸습니다. 끊임없이 질문을 던져 답을 끌어내는 과정이었습니다. 80년도 더 지난 먼 기억을 더듬어야 했고 기억나지 않는 것은 한참을 침묵 속에 있었습니다. 그럴 때마다 특정 기억을 상기시킨다든지 다른 사실과 연결해서 질문하곤 했습니다. 반면 오래전 일인데도 생생히 기억하는 것도 많아 내심 감탄했습니다. 그동안 흩어진 수많은 이야기 파편에 질문하고 답한 내용을 묶으니 비로소 한 사람의 생애가 온전히 보였습니다.

조금이라도 건강하고 기억력이 좋을 때 더 일찍 회고록을 쓸 걸 하는 후회도 있었습니다. 하지만 늦었다고 생각할 때가 가장 빠를 때라는 격언을 되새기곤 했습니다. 전쟁 중 사진을 모두 분실해 아쉬움에 인상적인 장면을 삽화로 표현하기도 했습니다. 그 가운데 스승의 회고록 출판 소식을 듣고 한맥테코산업㈜ 강병진 사장님께서 큰 도움을 주셨습니다. 40년 인연을 맺은 신실한 제자로, 성공한 기업대표로 스승에게 큰 기쁨이 됐습니다. 진심으로 감사드립니다.

회고록을 만든 일은 주인공만 아는 진실한 내용을 담을 수 있기에 충분히 가치 있는 행위였습니다. 진솔한 내면의 고백이 회고록에 빛을 드리웁니다. 이제 글을 정리하면서 아버지 오덕균이 어린 시절 민족과 나라의 비극 앞에서 어떻게 신념을 갖게 됐는지, 어려웠던 집안을 일으키기 위해 얼마나 노력했는지, 신용협동조합을 통한 경제 부흥을 어떻게 열정을 갖고 확장해 나갔는지, 그리고 마침내 충남대학교 총장이 되어 학교와 지역사회를 발전시키기 위해 얼마나 치열하게 살아갔는지 깨닫게 됐습니다.

아버지 오덕균은 신앙의 실천이 곧 삶의 실천이라는 신념으로 자신에게 부여된 소명에 최선을 다했습니다. 진정 혼신의 힘을 다해 살아간 삶이었습니다. 불굴의 용기를 지니고 도전하며 보다 나은 삶과 나라를 만들기 위해 노력하신 아버지께 진심으로 존경과 사랑을 보냅니다.

2023년 2월, 셋째 오지희 드림

차례

들어가며   5

1. 혼돈의 시절
     1-1. 일본 시절(출생 ~ 초등학교 1학년)   13
     1-2. 해방 전 옥천 시절(초등학교 2~5학년)   15
     1-3. 옥천서 대전으로 이사 (초등학교 5 ~ 중학교 4학년)   18
     1-4. 전쟁 중 옥천 피난 시절(중학교 4, 현 고등학교 1학년)   20
     1-5. 다시 대전으로 돌아온 목동 시절(고등학교 2~3학년)   21

2. 서울대학생과 공군사관학교 교관 시절
     2-1. 대전공업고등학교에서 서울대학교로   24
     2-2. 힘겨웠던 대학생 시절   25
     2-3. 박 루이스 신부님과 목동 집   28
     2-4. 공군사관학교 교관 시절   34

3. 아내 정상화와 장인 장모님
     3-1. 상화와의 첫 만남   38
     3-2. 상화와 약혼식   42
     3-3. 상화와 결혼식   47
     3-4. 장인어른 정헌영, 장모님 김유희 여사   52

4. 신용협동조합, 신앙을 바탕으로 경제를 일으키다

4-1. 공 안드레아 신부님과 신용협동조합의 시작	68
4-2. 이스라엘 유학과 정신	76
4-3. 캐나다 유학과 세계신협협의회 견학	88
4-4. 신용협동조합 교육과 연수원 건립	90
4-5. 신용협동조합 임원 활동의 고충	100
4-6. 신용협동조합연합회 회장 당선과 세계신협인대회 개최	107
4-7. 신용협동조합연합회 회장직 사퇴	117
4-8. 가톨릭 꾸르실료 교육과 신협운동	120

5. 충남대학교 발전을 향한 일념과 정진

5-1. 충남대학교 강사 시절	128
5-2. 충남대학교 전임강사로 임용	131
5-3. 충남대학교 경상대학과 경영대학원 발전	138
5-4. 충남대학교 첫 직선제 총장 당선	148
5-5. 일본 돗토리대학과 서성소학교 방문 일화	157
5-6. 충남대학교 총장 재임 시 교류 활동	162
5-7. 충남대학교 발전기금과 김밥 할머니	172
5-8. 충남대학교를 퇴임하고 엑스포기념재단 이사장으로	182

6. 삶을 돌아보며

6-1. 아버지와 어머니를 보내드리고   192

6-2. 상화가 내 곁을 떠나다   196

6-3. 우리성서모임, 성경공부   212

6-4. 내 주변의 사라지는 것들   216

6-5. 삶을 돌아보며   223

약력   228

1
혼돈의 시절

- 일본 시절(출생 ~ 초등학교 1학년)
- 해방 전 옥천 시절(초등학교 2 ~ 5학년)
- 옥천서 대전으로 이사 (초등학교 5 ~ 중학교 4학년)
- 전쟁 중 옥천 피난 시절(중학교 4, 현 고등학교 1학년)
- 다시 대전으로 돌아온 목동 시절(고등학교 2 ~ 3학년)

나 **오덕균(吳德均)**은 1934년 음력 6월 11일(호적으로 양력 9월 5일) 일본 아이치겐(아이치현) 나고야 밑에 있는 이치노미야 시(市) 니시오카이도(西오카이도)에서 출생했다. 그곳에서 유치원을 다녔고 니시오카이도 서성소학교에서 초등학교 1학년을 마쳤다. 2학년 되고 얼마 안 있어 한국으로 와 충북 옥천군 동이면 적하리 동이초등학교 2학년으로 전학했다.

　동이초등학교 5학년까지 다니다 해방이 되어 9월에 지금의 삼성초등학교인 대전 영정국민학교로 전학 갔다. 삼성초등학교 졸업 후엔 6년제인 대전공업중학교로 진학했다. 지금으로는 고등학교 1학년인 대전공업중학교 4학년 때 6.25전쟁이 발발했다. 대전공업중학교 5학년 때 학제가 변경되어 고등학교 2학년이 됐다. 6.25 전쟁으로 옥천군 동이면 금암리로 피난을 갔다. 그곳이 나의 외가였다. 어머니 친정 동네에서 빈집을 빌려 6개월간 그곳에서 살았다. 다시 대전 삼성동으로 복귀했다가 1951년 1.4 후퇴 1월에 피난 갔던 옥천 그 집에서 3개월 머문 후 4월 쯤 다시 대전으로 돌아왔다.

1. 일본 시절(출생 ~ 초등학교 1학년)

아버지 오희성은 충북 청원군 현도면 양지리에서 빈농의 자식으로 태어나 형수의 친정인 충북 옥천군 동이면 적하리에서 빈한하게 생활했다. 그곳에서 이웃 동네인 동이면 금암리에 살던 어머니 박월섬을 만나서 혼인하고 일본으로 건너갔다. 한국에서 농사를 짓다 가난해서 1930년 이전에 일본으로 가게 됐다.

나는 1934년 음력 6월 11일, 일본 아이치현 나고야 밑에 있는 이치노미야 시(市) 니시오카이도에서 오희성과 박월섬의 큰아들로 태어났다. 내 밑으로 오용균, 오창균까지 일본에서 태어나고 막내 오의균은 한국으로 건너간 후 옥천에서 태어났다. 당시 어머니가 본인의 동생들을 일본으로 세 명 다 데리고 왔다. 한집에서 모두 같이 살다가 일본에서 분가를 했다. 그 모든 일을 어머니가 다 해냈다.

어릴 때라 나는 기억하지 못하지만 처음 어머니 아버지가 일본에 갔을 때 고춧가루 장사를 했다고 한다. 어머니가 고추를 말려서 고춧가루를 만들었고 한국 고춧가루를 일본에서 팔았는데 대인기였다. 많은 거래처와 거래하면서 신용을 얻었고 마지막에 한 장사가 생선 장사였다. 생선가게 이름은 없었지만 생선 배달부터 시작해서 필요한 공급처에 배달하면서 신용을 많이 쌓아 그때부터 거래가 많아졌다. 일본 사람들이 아버지같이 거짓말 안 하고 착한 사람을 선호했다. 재산을 모을 수 있을 정도로 장사가 잘 됐다. 아버지가 팔다 남은 생선을 집에 갖고 와서 일본에서 생선은 매일 먹었다. 꽁치, 고등어, 생태를 많이 먹었다. 어릴 때부터 생선요리를 좋아해서 기초체력이 좋고 몸이 건강 체질이 된 것 같다. 일본말로 생선집을 사카나야 집이라 하는데 일본사람들이 애가 사카나야 집 자식이라 몸도 튼튼하고 공부도 잘한다고 했다.

어머니 아버지가 일본에 온 가장 중요한 목표는 돈을 모아 한국에서 논밭과 집을 사는 것이었다. 그런 바탕 위에 거래처가 늘고 상당한 부를 이루어서 한국으로 다시 나왔다. 우리 집안을 일으킨 사람은 바로 어머니였다. 아버지도 일은 열심히 하셨다. 그래도 어머니 박 씨 집안이 머리도 좋고 손재주가 좋았다.

아버지 오희성과 어머니 박월섬

　나는 유치원을 1년 반 다녔다. 유치원 시절 특별한 기억은 없었지만 동생 용균이랑 같이 다녔다. 유치원 선생님이 어떻게 형제가 그렇게 다르냐고 말씀하셨던 기억은 난다. 동생이 싸우고 코피 터지면 말렸던 기억이 난다. 말려서 집으로 데려왔다. 동생 용균이가 말썽꾸러기여서 형 노릇을 톡톡히 했다. 초등학교 1학년 때 일본에서의 기억도 희미하게 난다. 동급생들이 나와 노는 걸 좋아했던 기억이 난다. 가죽으로 만든 작은 공으로 던지기 놀이를 하곤 했다. 또 동네 아이들하고 나락을 벤 짚단 속에 들어가서 놀다가 그 안에 불을 질러 애들끼리 불놀이를 하고 동네 어른들에게 혼나고 논 적이 두 번 정도 기억난다. 초등학교 1학년 담임 선생님은 젊은 남자 선생님이었는데 친절하면서도 엄격했다. 머리는 삭발한 선생님이었다. 니시오카이도 서성소학교에서 초등학교 1학년을 마쳤다.

2. 해방 전 옥천 시절(초등학교 2~5학년)

일본서 번 돈으로 옥천군 동이면 적하리에 집을 사고 논밭을 샀다. 대농이라 불릴 정도로 땅을 많이 사서 실제 농사를 지었다. 농지가 한 2만 평 정도 됐다. 일꾼을 사고 놉을 얻어서 농사를 지었다. 풍족하게 살았지만 태평양전쟁 시기에 모든 것을 공출로 빼앗기고 세금으로 다 거둬가서 실제 생활은 곤궁을 면치 못했다. 게다가 교육을 받지 않은 부모님이 갑자기 많은 돈을 갖게 되자 나쁜 사람이 꼬이기 시작했다. 아버지는 사람들과 골패놀이를 하곤 했다. 설상가상으로 2차 세계대전이라 돈은 있어도 물건이 없었다. 먹을 것이 점차 없어졌다. 간신히 나무를 산에서 해서 집에 볏짚을 깔고 밑에 넣어놓으면 일본 순사가 와서 다 갖고 갔다. 먹을 게 없었다.

일본에서 돌아오자마자 옥천군 동이면 동이초등학교 2학년을 다닐 때 일이다. 그 어린 나이에 솔방울 줍고 호미로 소나무 뿌리를 캐서 나라에 상납을 했다. 소나무 뿌리 캐는 일은 힘들었다. 나무하고 솔뿌리 캐고, 벼 베고 모심고, 풀 베서 퇴비 만드는 노력동원을 했다. 일본군이 전쟁을 수행하는 데 초등학생 어린 나이를 이용했다. 한국의 산야가 민둥산이 되고 벌거숭이가 됐다. 혹독한 노력동원이었다. 초등학교 2학년부터 5학년까지 4~5년은 먹을 게 없고 핍박받는 민족으로 참으로 어려운 생활을 했다. 초등학교 이 시절에 매일 벼 베기와 사료 줄 풀베기를 하고 산에 가서 나무를 해왔다. 나는 동네에서 가장 많은 나무를 해온 어린이였다. 동네 어른들이 어쩌면 이렇게 나무를 잘 해서 출입문에서부터 담벼락 따라서 쌓아놓느냐고 칭찬을 했다. 덕분에 나무는 충분히 뗄 수 있었다. 어머니는 이 당시 먹지를 못해 막내 의균이를 먹일 젖이 안 나왔다. 간신히 일본에서 들어올 때 사가지고 온 실타래를 머리에 이고 장사를 했다. 실타래는 고가에 귀중한 거라 부잣집에 가서 판매했다. 멀리 이고 가서 장사를 마치고 집에 와서 밥을 먹었다. 겨우 쌀뜨물을 막내에게 젖 대신 먹이셨다.

옥천군 동이 초등학교에 처음 전학 왔을 때 겪었던 가장 큰 어려움은 한국말을 못해서 겪은 일이었다. 부모님 말씀하는 것을 약간 이해했지만 바로 2학년으로 전학 가서 공부하기 힘들었다. 그래도 사람들이 머리가 뛰어나다고 칭찬할 정도로 잘해서 초등학교 3학년 때는 반장을 했다. 공부도 열심히 해서 매 학년 우수한 성적으로 학업을 마쳤다. 처음에는 힘들었지만 결국 적응을 잘 했다.

한 가지 기억나는 일은 4학년 때 반장을 하면서 방과 후 매일 청소를 했을 때 일이다. 책상을 뒤로 밀고 반 학생들을 일렬로 세워 걸레를 들고 반장인 내가 구령을 붙였다. 일렬로 앉아서 청소를 하고 나는 "이치 니, 이치 니" 하고 구령을 부르는데 갑자기 담임이 와서 뺨을 때렸다. 자기가 신던 슬리퍼를 벗어서 그걸로 때렸다. 청소를 제대로 안 했다고 하는데 내가 왜 뺨을 맞아야 하는지 분했다. 얼굴에 상처가 나서 이틀 동안 학교를 못 갔다. 그 담임이 일본 선생님이었다. 어린 마음이지만 민족정신이 저절로 끓어올랐다. 아버지 어머니는 분한 마음이 들었지만 일본 사람의 위세에 눌려 제대로 항의를 못 했다. 사흘 뒤에는 다시 학교를 갔다.

옥천 동이초등학교 4학년 반장 시절(조미옥 작가)

옥천 동이초등학교 정문 앞에서(2022. 10. 10)

3. 옥천서 대전으로 이사 (초등학교 5 ~ 중학교 4학년)

5학년 때 옥천에서 대전으로 이사 왔다. 그 배경에는 아버지가 있다. 아버지는 3형제 중 둘째이고 전혀 학교를 다니지 않으셨다. 착하고 세상 물정 모르는 순진한 사람이었다. 그래서 사람들이 엉겨 붙었는데 그 시작이 골패놀이였다. 옥천에서 일을 안 하니까 농사도 제대로 될 리 없었다. 그때 이렇게 살면 가진 돈 다 없어지고 아이들 교육도 망치겠다 싶어 어머니가 땅을 팔고 모두 끌고 대전으로 왔다. 대전시 중구 삼성동에 큰 가게가 네 개나 딸린 집을 샀다. 그중 한 칸은 아버지가 쌀장사를 했고 또 하나는 세를 주어서 자전거 상점이 됐다. 나머지 둘 중 하나는 아버지의 사촌, 택균이네를 세 주어서 소매상점을 하게 했다. 상점에 딸린 문간방에 택균이네와 아버지 사촌의 자제들인 5남매가 살았다. 하나 남은 작은 상가는 창고로 어린이 놀이터처럼 사용했다.

1945년 8.15 해방되고 나서 당시 영정국민학교인 지금의 대전 삼성초등학교 5학년으로 전학을 갔다. 옥천 시골서 와서 5학년 2학기부터 6학년까지 1년 반을 다니고 1947년 4월에 졸업했다. 그때도 공부를 잘했다. 그 당시 삼성초등학교에 반이 두 반이었다. 한 반에 65명 있어서 한 학년에 약 120~130명 정도 됐다. 졸업할 때 전교에서 2등이었다. 지금은 소식을 모르는 이계호 친구가 1등으로 졸업을 했다. 대전 삼성초등학교 6학년 졸업 후 6년제 대전공업중학교 토목과로 진학했다. 중학교 시절 집안사정은 전보다 좀 나아졌다. 어머니가 모든 경제력을 장악하고 가사를 운영했기 때문이다. 아버지는 쌀장사를 하고 모든 자산 운용을 어머니 주도하에 맡겼다. 비교적 윤택하고 원활하게 살았다. 가게에서 세를 받고 아버지 어머니가 쌀장사하시던 시절이라 가정형편은 나쁘지 않았다. 그런데도 아버지 어머니가 자주 싸웠다. 쌀장사를 제대로 해야 하는데 아버지가 상아로 만든 일종의 마작인 골패를 즐겨 했다. 골패는 4~5명이 필요하다. 매일 사람들이 들락거렸다. 아버지는 전쟁 발발 전까지 이렇게 세상 물정 모르고 살았다. 형편이 좋았던 시절은 그나마 1945년 초등학교 5학년부터 1950년 중학교 4학년 6.25 사변 전까지였다.

당시는 대전중학교와 대전공업중학교 두 학교가 있었다. 나는 대전중학교를 가고 싶었고, 성향이나 기량이 이공계가 아니고 인문, 사회계열이었다. 당연히 대전중학교를 갈 거라 생각했는데 아버지가 옥천 땅 팔고 산 대전 집 앞에 대전공업중학교가 있었다. 더구나 당시 아버지 친구 되시는 분이 대전공업중학교 기성회 회장이었다. 삼성초등학교 졸업생 중에 성적순으로 32등까지가 전부 대전중학교를 갔다. 33등부터는 사범학교나 공업중학교를 가는 상황이었다. 그런데 기성회장이 공업중학교가 바로 이웃인데 공부 잘하는 학생 하나는 밀어주겠다는 이유로 아버지를 꼬드겼다. 이공계를 가서 기술 배워서 돈도 벌고 나라발전에 기여할 수 있다는 이유였다. 아버지가 "우리나라는 가난하니까 기술자가 되어야 한다."며 공업중학교로 밀었다. 그런데 나는 속으로 기술자가 되고 싶지 않았다. 아버지와 아버지 친구 때문에 어쩔 수 없이 공업중학교를 가게 됐다.

대전공업중학교 토목과에 입학했다. 첫날 첫 시간부터 측량한다고 어린 중학교 1학년을 기다란 측량봉 볼대를 잡고 돌아다니게 하니 공부를 할 수가 없었다. 토목에 관련된 전공과 제도를 일찍이 중학교 때부터 배우고 수업을 하니 일반 중학교 시기에 배워야 하는 기초를 제대로 익히지 못했다. 그렇게 시간을 보내니 학문적인 기초를 습득하는 데 상당한 어려움이 있었다. 내가 공업중학교 다닐 때 아버지는 마냥 좋아하셨다. 3학년 때는 반장도 했고 졸업할 때 8개 반 320명 졸업생 중 2등으로 졸업했다. 그렇지만 적성에 안 맞는 공부를 해서 불만이 생겼고 고민을 심각하게 하면서 미래에 대한 자각심이 생겼다. 어머니는 의지가 강하고 가정의 중심을 잡아주셨던 분이었지만 아이들 장래에 대해서는 특별히 생각이 미치지 못했다. 그게 어머니의 한계였다. 그리고 미래에 대한 얘기를 해도 별 관심이 없으셨다. 그래서 동생들도 제대로 공부하기가 어려웠다.

4. 전쟁 중 옥천 피난 시절 (중학교 4, 현 고등학교 1학년)

중학교 4학년, 현재의 고등학교 1학년 때 6.25 사변이 발발해서 다시 어머니 고향이자 친정인 옥천군 동이면 금암리로 피난을 갔다. 나는 중학교 4학년이라 체격이 건장했기에 인민군 의용대에 차출대상이 됐다. 그때부터 차출당하지 않기 위해서 피해 다녔다. 1950년 7월 중순부터 새벽 4~5시에 어머니가 싸주신 보리밥 한 덩어리를 갖고 금강 변 근처 산속으로 갔다. 3명의 비슷한 청년들과 같이 움막에서 지내다가 밤 10시에 집에 왔다. 이때 할 일이 없어 그 청년들에게 담배를 배웠다. 17세에 처음 담배를 피워서 70세까지 담배를 피게 된 시작이 이때였다. 담배가 귀하니까 호박잎을 말려서 피기도 했다. 호박잎을 말려 구불구불해지면 그것을 종이에 말아서 피기도 했다. 그 청년들이 갖고 오기도 하고 아버지 것을 갖고 오기도 하면서 담배를 피웠다. 3개월 반 동안 그러고 지냈다. 먹을 게 없어 칡을 파서 먹기도 하도 물고기도 강가에서 잡았다. 산속에서 나무를 했고 나뭇가지를 쳐놓으면 말랐을 때 밤 8시쯤 지게를 지고 내려가기 시작했다. 움막에서 집까지 거리가 4킬로미터나 됐다. 한번은 집에 들어오다 인민군한테 잡혔는데 뿌리치고 어딘지도 모르는 곳으로 한밤중에 도망쳤던 적도 있다.

옥천 피난시기에는 정말 먹을 게 없었다. 쌀조차 없었다. 그래서 어머니가 대전 집에 있던 식량을 가지러 가려고 네 번이나 대전 집으로 갔었다. 대전서 옥천까지 왔다 갔다 했다. 대전서 옥천까지 40리이고 집까지는 50리였다. 그때마다 걸어서 대전에서 옥천까지 그 많은 식량을 머리에 이고 단 한 번도 안 쉬고 옥천으로 왔다. 한밤중이라 내려놓으면 식량을 머리에 올려 줄 사람이 없어 머리에 이고 밤새 걸어서 옥천으로 왔다. 더구나 인민군이 있는 큰길로 다닐 수가 없어서 산길로 가는 험난한 길이었다. 그 먼 길을 무거운 식량을 이고 한 번도 쉬지 않고 걸어온 어머니를 생각하면 지금도 가족을 먹여 살리겠다는 어머니의 강인한 의지에 마음이 먹먹하다. 어머니는 초인적인 힘과 노력을 기울여 식구들을 살려냈다. 옥천 피난집에서 약 6개월 머물고 다시 대전으로 왔다.

5. 다시 대전으로 돌아온 목동 시절(고등학교 2~3학년)

　6.25 사변 후 대전에서는 그동안 벌었던 돈을 다 까먹었고 사기까지 당했다. 돈 빌려달라고 해서 빌려주면 사람들이 갚지를 않았다. 그렇게 다 잃고 나니 집 살 돈도 없이 돈이 하나도 없었다. 어쩔 수 없이 고등학교 2~3학년 2년 정도 후생주택에 살았다. 목동 천주교회 바로 밑에 못사는 사람들이 사는 주택이었다. 동사무소에서 가난한 사람들 순서대로 허가를 해줘서 목동 천주교회 밑에 있는 후생주택에 들어가 살았다. 목동 천주교회에서 주는 피난민과 가난한 사람들을 위한 구호품, 특히 밀가루를 배급받아서 살았다. 구호품을 받아야 살아갈 수 있었다. 그때 생각나는 일은 돈은 없고 담배는 피우고 싶고 해서 아버지 담배를 가져다 피운 기억이 난다. 하루는 학교에서 왔는데 책상 서랍에 담배가 대여섯 갑이 있었다. 어머니께 물었더니 "아버지가 넣었지" 하고 대답하셨다. 아버지의 그 마음을 잊을 수 없다. 아들을 생각해서 담배를 넣어준 그 심성을 진정 잊을 수 없다.

　이때는 전쟁 직후라 혹독한 가난을 겪은 가장 어려운 시절이었다. 온 식구가 살기 위해서 필사의 노력을 기울였다. 어머니는 칡을 고아서 약을 환으로 만들어서 만병통치약이라고 하면서 전국을 다니면서 팔았다. 한번 나가면 일주일씩 나갔다 돌아왔다. 집에 일주일 정도 머물면서 환약을 만들고 다시 팔러 나갔다. 약장사를 7~8년 정도 했다. 다행히도 워낙 생활력 강한 어머니라 약장사를 잘하셨다. 별다른 능력 없던 어머니지만 진실하고 꾸밈없는 태도로 사람들을 잘 설득했던 것이 장사를 해내는 비결이었다. 나는 방학 때 모 심으러 다니고 가을이 되면 추수도 도왔다. 어머니도 안 계시고 먹을 것도 별로 없어서 아버지와 같이 절구통에 손으로 보리를 찧어서 보리밥을 해먹었다. 그 와중에 아버지는 석유장사를 3~4년 했다. 당시에는 호롱불로 생활하던 때라 석유가 필요했다. 아버지는 장사에 소질이 있었다. 그래도 자식들이 네 명이라 학교 다니고 학비 대느라 가정은 너무나 곤궁했다.

　고등학교 시절 가정이 곤궁해 친한 친구들하고만 지내고 잘 모르는 동기들도 많았다. 친했던 동기 동창으로 서울상대 간 김한종, 서울공대 간 정 훈, 농구선수 출신 최병각 이 세 사람과 친했다. 최병각 친구 덕분에 나도 농구에 관심을 가졌다. 정식 선수는 아니고 후보생으로 있었다. 나는 고등학교도 2등으로 졸업했다. 대전공업고등학교 1등 졸업생은 정 훈이었다. 정 훈은 서울공대 토목공학과를 졸업하고 기술고시에 합격해서 차관급인 국토지리원장을 역임했다.

아버지 오희성

어머니 박월섬

2

서울대학생과
공군사관학교 교관 시절

- 대전공업고등학교에서 서울대학교로
- 힘겨웠던 대학생 시절
- 박 루이스 신부님과 목동 집
- 공군사관학교 교관 시절

1. 공업고등학교에서 서울대학교로

　대전공업고등학교 토목과에서 수업을 들으면서 대학준비는 혼자 했다. 대학 갈 사람은 그 학년에 몇 명밖에 없어서 입시공부는 따로 했다. 고등학교는 공과계열이었는데 나는 일반 대학을 가야 해서 다른 고등학교 학생들과 경쟁해서는 따라갈 수 없었다. 어쩔 수 없이 혼자서 참고서도 사서 보고 국어, 영어, 수학, 선택과목 사회생활을 준비했다.
　서울대학교 입시를 준비했는데 그때는 서울대학교가 부산에 있었다. 완행열차 기차를 오전에 타고 9시간 걸려서 부산에 밤에 도착했다. 대전공업고등학교 동기 김한종과 같이 타고 대학 입학시험을 보러 갔다. 김한종의 외삼촌이 해병 준위였다. 그분이 부산에 계셔서 미리 얘기해서 해병막사에 가서 군인들과 같이 잤다. 쌀을 서너 되 짊어지고 가서 군인들이 식사 준비할 때 같이 해서 먹었다. 하루 자고 그다음 날 시험을 봤다. 시험은 어려웠다. 서울대 경제학과 경쟁률이 7:1이었다. 시험 끝나고 바로 김한종과 같이 대전에 왔다.
　당시 내가 상대를 선택한 데는 몇 가지 동기가 있었다. 내 소양은 공학계열이 아니고 인문 사회계열이었다. 고등학교 다닐 때 불만이 많았고 학교 다니면서도 전학을 하려고 했다. 그런데 아버지가 전학을 시켜주지 않았다. 기술자가 돼서 가계를 꾸려나가야 한다는 이유였다. 아버지는 서울상대 경제학과 시험 보는 자체를 몰랐다. 서울대 공과대학 시험 보러 가는 줄 아셨다. 토목과 냈다고 하니까 우리 집에 토목쟁이가 생겼다고 좋아하셨다. 열흘 후 대전공고에서 합격했다고 연락이 왔다. 얘기를 안 할 수가 없어서 서울상대 합격했다고 하니까 놀라셨다. 아버지는 그래도 합격했으니 됐다고 말씀하셨다.
　서울대 경제학과를 합격했다고 하니 동네뿐 아니라 고등학교에서도 어려운 데 붙었다고 소문이 자자했다. 대전공업고등학교에서 서울상대를 들어간 것은 기적이라는 것이다. 삼성초등학교 동기 중 대전중학교, 대전고등학교 졸업하고 서울상대 들어간 숫자가 17명이나 있었다. 다들 공업고등학교 나와서 어떻게 서울상대를 왔는지 깜짝 놀랐다. 1953년 3월 대전공업고등학교를 졸업했다. 전체 졸업생 270여 명 가운데 서울대를 7명 갔다. 그 중 두 명이 서울대 경제학과를 갔는데 나와 친구 김한종이었다. 나는 대학 가서도 김한종과 친하게 지냈다.

2. 힘겨웠던 대학생 시절

대학생 때는 가계가 어려웠던 시절이라 서울에서 나는 제대로 대학생활을 하지 못했다. 대학교 1학년 때는 친구 집에 가정교사로 입주했고 2학년 때부터는 일정한 거처가 없었다. 친척 집에서 하루 자고 외갓집에서 하루 자고 친구 집에서 하루 자고 하면서 끼니를 겨우 해결했다. 서울대학교 동기 친구들이 많이 도움을 주어 살아갈 수 있었다. 또 한 주는 대전 내려와서 일하고 한 주는 서울 학교에서 공부하고 이런 식으로 왔다 갔다 하면서 생활했다. 주로 밤 완행열차 야간 기차를 타면, 기차 안에서 자면서 집에 와서는 낮에 일하고 다시 밤에 올라갔다.

등록금은 약장사해서 간신히 어머니가 내주셨고 그 외 들어가는 식비, 학비, 교통비 등은 모두 스스로 벌어서 충당해야 했다. 참고도서도 없고 공부방도 없이 겨우 어머니 행상으로 등록금만 내는 실정이었다. 부정기적으로 방학 때 모심기를 하고 벼 베기를 하고 틈나는 대로 일을 했다. 1학년 2학기 때는 입주 가정교사를 했는데 가르친 학생이 초등학교 5학년이었다. 그 형이 대전공업고등학교 동기 최병각이었다. 대학교 2학년 때부터는 머물 집이 없어서 친구 집에 들르고, 동가숙 서가식 하고, 여기저기 다니면서 먹고 잤다. 계속 친구 집에 있을 수 없어 어쩌다 들른 것처럼 해서 며칠씩 머물곤 했다. 그래서 2학년 때부터 학교 수업을 제대로 들을 수 없었다. 3분의 1 정도만 수업을 듣고 결강을 많이 해서 겨우 학기말 시험을 보는 정도였다. 학기 도중에 한 달에 3주는 대전 집에 와서 일하면서 등록금과 생활비 벌고 1주는 학교를 다니는 식이었다. 당시 출석을 학과 사무실 접수구에 내는데 친구들이 대신 내주기도 했다. 이런 상황에서 공부를 제대로 할 수 없어 학교 성적이 좋지는 않았다. 간신히 중간 정도 했다.

그렇기에 대학교 때 나의 어려운 사정을 알고 진심으로 마음을 써준 친구들을 잊을 수 없다. 피난 시절 부산에서 대학교를 다닐 때 만난 친구 중 조현규가 있었다. 서울대학교 경제학과 동기였다. 나의 어려움을 잘 알고 그렇게 따뜻하게 대해줄 수가 없었다. 조현규도 원래는 부산서 학교를 다녔지만 원 고향은 부산이 아니었다. 조현규 집안은 넉넉해서 하숙할 때 나를 재워주고 먹여주고 했다. 나는 미군 작업복을 물들인 까만 작업복을 4년 내내 입고 다녔다. 옷은 그거 하나였다. 여름옷 하나 살 돈이 없었다. 어느 날 조현규가 같이 가자고 하면서 길가 구루마에서 여름옷 티셔츠와 바지를 사줬다. "너무 가련하다"고 하며 내 처지를 안타까워했다. 그 옷을 붙들고 엉엉 울었다. 옷을 산 후 그 친구가 자기 하숙집에 데려가서 저녁을 먹여주었다. 밥을 반씩 덜어서 먹었다. 참 따뜻한 사람이었고 나의 은인이었다. 조현규는 삼성 제일모직에 입사해서 성실히 근무하다가 20년 전에 작고했다. 또 서울에서 학교 다닐 때는 친구 김한종이 나를 많이 도와줬다. 당시 김한종의 누님이 한국은행에 다녔다. 김한종은 후암동에 방을 얻어 누님과 같이 쓰고 있었다. 내가 잘 곳이 없었을 때 그 집에 가면 셋이서 같이 자기도 했다. 누님 입장에서는 많이 불편했을 텐데 내색하지 않고 너그럽게 봐주셨다. 김한종은 쌍방울 회사에서 상무를 했는데 근 30년 전에 작고했다. 훗날 김한종 누님의 딸이 충남대학에서 조교를 하게 된 일로 작게나마 은혜를 갚을 기회가 있었다.

경제적인 어려움은 나만 겪는 문제가 아니었다. 대학교 3학년 여름 땡볕에 서대문에서 시청 쪽으로 걸어가고 있는데 멀리서 어머니가 보였다. 어머니는 전국을 돌아다니며 약을 팔았고 마침 서울에서 약을 팔고 걸어가던 중 극적으로 우연히 만난 것이다. 만나면서 "어머니, 조금만 참으세요. 가난의 웬수를 갚고 내가 해낼 테니 조금만 참으세요. 엄마 죄송해요" 하고 붙들고 두어 시간 울었다. 어머니도 우셨다. 하지만 부모님은 초중고 대학교 합쳐서 한 번도 졸업식에 오지 않았다. 관심도 없었다. 이런 환경이라 동생들도 공부를 제대로 할 수 없었다. 용균이는 사범학교 가서 월급 타면서 했고 창균이는 다방마다 주간 잡지 들고 팔러 다니곤 했다. 의균이는 박 루이스 신부님 원조 덕분에 제일 상황이 나아지고 있었다.

대학생 때 어머니와 서울에서 극적인 만남

생활은 힘들었지만 대학 다니면서 경제학 강의를 들으니 적성에 너무나 맞았다. 공대 안 가고 상대 오길 잘했구나 생각했다. 1957년 3월, 서울대학교 상과대학 경제학과를 졸업했다. 본격적인 공부는 대학 졸업하고 공군사관학교에 갔을 때 비로소 제대로 할 수 있었다. 만약 내가 제대로 된 환경에서 공부했으면 유학도 가고 학문적인 성취를 할 수 있는 잠재력이 있었을 것이다. 워낙 환경이 안 좋아서 책을 보기도 힘들고 다른 친구들이 노트에 필기한 것을 보고 공부하곤 했다. 대학을 마친 것 자체가 기적이었다.

3. 박 루이스 신부님과 목동 집

내가 대학교 때 고등학생이었던 셋째 창균이와 중학생인 막내 의균이가 지역연맹에서 하는 보이스카우트 활동을 열심히 했다. 그때 두 동생이 타의 모범이 됐고 창균이가 목동 지역 청소년 대상 초대 보이스카우트 회장을 했다. 2대 회장이 의균이었다. 두 사람은 등산, 수영을 하고 미국에서 온 구호품 나눠주기 등 많은 활동을 했다.

당시 목동 천주교회 주임신부님은 미국 뉴욕주 나이아가라 폭포 근처 로체스터 출신의 박 루이스(L. Vezelis 1930~) 신부님이었다. 박 신부님은 1957년 12월 입국해 대전 목동 성당 프란치스코 수도원에 계셨고, 65년부터 16개월간 목동본당 14대 주임으로 활동하셨다. 신부님 노력으로 1966년 3월 호수유치원도 성당 앞에 개원했다. 그분은 오토바이 타는 것을 무척 좋아했다. 오토바이를 타고 미군부대가 있는 회덕에 매일 가서 일도 보고, 먹고 입고 마실 것들을 많이 얻어 가지고 와서 가난한 사람들에게 나누어 주셨다. 박 신부님이 주축이 돼서 대전에서 최초로 미국식 보이스카우트 연맹이 조직되어 활동을 했다. 특히 대민구호와 등산과 수영 등을 통한 청소년 활동에 신경을 많이 쓰셨다. 보이스카우트 회원 중 가장 활동을 열심히 하고 잘한 사람이 바로 두 동생들이었다. 그래서 창균이와 의균이는 박 신부님께 맛있는 것을 많이 얻어먹었다. 박 신부님은 막내 의균이를 특별히 총애해서 학비, 생활비를 경제적으로 지원해줬다. 의균이도 박 신부님을 따라다니며 오토바이도 타고 영어도 배웠다. 그래서 박 루이스 신부님 추천으로 미국 보이스카우트 한국 대표로 갔다 올 수 있었다. 한 달이나 걸려 멀미를 해가며 배를 타고 미국을 갔는데, 미국을 가본 일로 훗날 영어도 잘하고 외국으로 진출하는 계기가 됐다.

대학교 1학년 정도 됐을 때 가정형편이 너무 어려웠다. 대학교 4학년까지 남의 집 문간방에 세를 얻어서 방이 한 개밖에 없는 그곳에서 3년 정도 살았다. 추녀에 잇댄 집이었다. 볏짚 단으로 추녀를 걸쳐서 바람을 막고 거기에 방을 만든 대문 밖 문간방이었다. 한번은 겨울밤에 서울 갔다가 새벽에 차에서 내려 걸어와 보니 방 문짝에 다리가 하나 나와 있었다. 가만히 보니까 용균이 다리 한쪽이었다. 문 열고 들어가 보니 드러누울 자리가 없었다. 할 수 없이 장작더미에 앉아서 밤을 새웠다. 그때가 새벽 3시경이었다. 달빛에 책을 읽었다. 5시쯤 어머니가 나와서 보리방아를 찧기 시작했다. 어머니랑 같이 찧었다.

문간방에서 살아가다 보니 도저히 이런 집에서는 살 수 없었다. 집이 필요했다. 남의 집 일꾼으로 집 짓는 걸 도와주고 논밭을 매고 나무를 산에서 한 짐 해서 번 돈으로 집을 사려고 했는데 돈이 턱없이 모자랐다. 사려는 집값의 2/3 정도 돈이 부족했다. 그래도 대학 졸업 후 25세 정도 됐을 때 목동 집을 살 수 있었다. 결정적으로 박 신부님이 나에게 돈을 보태줘서 집을 살 수 있었다. 우리 집안이 일어나게 된 결정적 계기는 바로 박 신부님의 도움 덕분이었다. 진정한 은인이었다. 목동 집에 있던 둥그런 꽃밭도 박 신부님 아이디어로 만들어졌다. 오토바이를 타고 한 바퀴 돌 수 있도록 둥근 꽃밭을 만들었다. 대문 양쪽에 있었던 개나리꽃과 둥근 꽃밭의 각종 꽃, 나무는 모두 어머니가 가꾸었다. 어머니가 꽃을 좋아했다. 어머니도 참 애를 많이 쓰셨다. 신부님이 집에 오시면 토스트 빵을 사다 구워서 커피랑 드리면 신부님이 잘 드셨다. 대신 나는 신부님 강론을 약 3년간 한국말로 써줬다.

동생 오창균과 오의균 청년 시절(62. 추정)

달빛에 책 읽는 대학교 1학년 겨울, 보리방아 찧는 어머니를 바라보며

집을 사고 나서 나는 결혼할 수 있었다. 목동 집에서 12년 정도 살고 그 집을 팔고 돈을 보태 선화동 양옥집을 샀다. 단층 양옥집에서 살다가 다시 2층에 집을 올려서 살았다. 새로 이사하면서 충남대학교 경영대학원 원장을 3번 연임하고 학장을 2번 했다. 그러면서 신용협동조합연합회 회장도 했다. 목동 집에서 발전하고 뻗어나갈 수 있었고 그 시작과 중심에 박 루이스 신부님이 계셨다. 혼신의 힘을 다해 살던 시절이었다.

아버지 어머니와 4형제(63. 10)

목동 집 꽃밭에서(64.)

목동 집 꽃밭에서 상화와 함께(64. 봄)

박 루이스 신부님과 목동 집 꽃밭에서(64. 봄)

박 루이스 신부님과 막내동생 의균, 캐나다에서 재회(90. 추정)

4. 공군사관학교 교관 시절

　원래 나는 상과대학 경제학과를 졸업했기에 은행이나 증권회사, 투자회사 같은 금융기관에 취직하고 싶었다. 돈을 벌어야 했다. 대학교 동기가 삼성 공채 1회였다. 그런데 병역을 마치지 않았기 때문에 취직할 수가 없었다. 나는 병역을 마치기 위해서 공군 각종 9기 간부 후보생으로 지원했다. 사병으로 갈 수는 없어서 시험을 봤고 합격해 공군사관학교 교관으로 갔다. 대학 졸업 후 4개월간 훈련기간을 마쳤다. 2개월은 대전공군신병학교에서, 나머지 2개월은 진해 공군사관학교에서 장교 요원으로 훈련을 받았다. 초임을 공군사관학교 소위이자 경제학 교관요원으로 발령받았다.

공군사관학교 교관 시절(60. 추정)

1957년 8월, 내가 진해에 있는 공군사관학교 교관으로 간 것은 내 인생에 중요한 의미가 있었다. 미래에 학계로 진출하게 된 결정적인 계기가 됐다. 간부 후보생 교관요원 중 서울대학교 출신이 3~4명 있었는데 다른 사람들은 보급장교로 가고 나만 교관으로 뽑혀 교수부로 발령이 났다. 바로 그 일이 평생 교수로서의 삶을 살아가는 초석이 됐다. 공군사관학교 교수부에 대학 4년 선배가 계셨는데 그분이 바로 국무총리 했던 이현재 씨였다. 당시 이현재 씨가 선임교관으로 공군 대위였다. 마침 이현재 씨가 전역을 하고 그다음 해 부산대학교 교수로 가기로 했는데 그 후임으로 나를 지목하고 뽑혀서 공군사관학교 경제학 교관이 됐다. 이현재 씨는 부산대학교에서 2년 있다가 서울대학교 상과대학 경제학과 교수로 갔다.

나는 교수가 되리라는 것을 꿈에도 생각 안 했다. 왜냐하면 학문의 기초가 부족하고 대학원도 마치지 않아서 이것을 정말 해낼 수 있을까 겁이 덜컥 났다. 학부만 졸업한 내가 공군사관학교 생도를 가르친다는 것이 걱정이 돼서 공부를 많이 했다. 가르치려니 밤낮을 가리지 않고 독학으로 공부를 해야 했다. 노력도 많이 해서 잘 가르쳤다. 그런데 아무리 해도 안 되는 게 있었다. 어학 영어가 뒷받침되지 않아 제대로 책을 읽을 수 없었다. 그때부터 경제원론을 원서로 공부하기 시작했다. 영어공부 하는 일이 경제학보다도 더 힘들었다. 아주 힘겹게 공부를 했다. 3년을 하니까 조금 체계가 잡히기 시작했다. 이제는 다른 곳에서 강의를 해도 할 수 있겠다고 여겨졌다.

공군사관학교 경제학 교관으로 발령을 받고 내 시간담당이 아닌데 시험 감독을 들어간 일이 있었다. 그런데 그 반이 4학년 졸업반이었다. 대학을 갓 나와 소위를 단 사람이나 내일 모레 졸업할 사람이나 사실은 나이도 비슷했다. 공군장교로서는 병아리였다. 비슷한 나이의 사관생도 중에는 은근히 깔보는 이도 더러 있었다. 영어시간이었다. 시험지를 다 나눠주고 종이 울려 시험이 시작됐다. 사관학교 7기 졸업반 두 사관생도가 커닝하는 걸 적발했다. 둘이 노트를 보고 답을 썼다. 내가 두 사람 시험지를 빼앗았다. 그러자 정작 문제가 된 것은 공군사관학교 졸업생들의 비난이었다. 이들 중에는 별 단 사람도 영관급도 있었다. 이들이 갓 들어온 소위가 커닝을 적발해서 졸업을 며칠 앞두고 사관생도가 퇴교당한 사건으로 나를 비난하기 시작했다. 그냥 넘어갈 일이지 햇병아리 소위가 낼 모레 졸업할 사관생도를 퇴교시킨다고 난리가 났다. 당시 커닝하다 들키면 사관학교는 무조건 퇴교였다. 공군본부에서도 난리가 났다. 졸업을 3일 앞두고 벌어진 일이었다.

  두 사람은 결국 나갔다. 장교가 아닌 공군사관학교 하사관으로 임관을 했다. 그중 한 사람은 사업을 해서 성공을 했고 다른 한 사람의 소식은 들을 수 없었다. 과거에도 공군사관학교에서 커닝을 하는 일은 있었다. 그런데 졸업을 앞두고 퇴교당한 일이 공군사관학교 군기를 확립하는 역할을 했다. 그렇게 사관학교가 발전했다.

3
아내 정상화와
장인 장모님

- 상화와의 첫 만남
- 상화와 약혼식
- 상화와 결혼식
- 장인어른 정헌영, 장모님 김유희 여사

1. 상화와의 첫 만남

아내 정상화(鄭祥和)는 1939년 9월 12일, 정헌영과 김유희 여사의 장녀로 태어났다. 상화를 만나게 된 데는 동생 의균이가 병원에 입원한 것이 계기가 됐다. 의균이가 장이 꼬여서 내가 대전 임내과 병원에 데리고 갔다. 9월 초에서 10월 중순까지 7~8주 입원했다. 음식은 내가 하루에 두 번씩 집에서 가져다 날랐다. 임 내과 병원은 은행동 네거리에 있었다. 동생이 입원하기 전부터 임내과 임재건 원장하고 나하고는 이미 4~5년 지속적으로 소통하던 관계였다. 평소 나라에 대한 걱정을 원장님이 많이 하셨는데 내가 시내 나가면 원장님하고 진지하게 나라 이야기도 하던 사이였다. 그래서 동생이 아프니까 임내과를 가게 된 것이다. 병원에 간호원이 없어서 내가 직접 간호를 했다. 고등학생이었던 의균이를 위해 나는 매일 빠짐없이 가서 잠도 자고 식사배달도 하고 병간호를 했다. 10월 20일경 퇴원해서 동생은 그 뒤로 건강을 회복했다.

하루는 갔더니 원장님 사모님이 여자를 사귀어보겠냐고 물어봤다. 자기 친구 동생의 딸을 소개해 주는 거였다. 사모님이 숙명여고 출신인데 같은 숙명여고 나온 절친한 친구가 상화 둘째 이모인 김정수 여사였다. 아내가 될 상화 집안에서는 임내과 원장 사모님이 소개하는 거라 무조건 믿는 자리였다. 만나보겠냐고 해서 승낙했다. 상화는 그때 이화여대 영문과 4학년 졸업반인데 마지막 학기 8학기에 서울 종로구 계동 양봉석 이모부 댁에서 학교를 다니고 있었다. 양 회장의 딸 승현이와 함께 살며 4년 동안 대학생활을 서울서 지냈다. 그 이모부 양 회장이 상화를 많이 예뻐했다. 상화는 훗날 이모부인 양봉석 회장이 돌아가셨을 때 아버지가 돌아가신 것처럼 슬퍼하고 울었다.

양봉석, 김정수 이모님 부부(57. 추정)

    상화가 마지막 방학을 대전에서 보내고 학기 시작에 맞춰 서울로 올라가던 대전역 앞에서 나와 막냇동생 의균이가 오토바이를 타고 3~40 미터 떨어진 곳에서 첫 상봉을 했다. 집안에서 미리 얘기는 듣고 내가 대전역으로 나온다는 것을 알고 나왔다. 상화가 베이지색 투피스를 입고 기차를 기다리고 있을 때 멀리 지나가면서 봤다. 그때 나는 옷을 잘 차려입지 않고 작업복 같은 옷을 입고 동생 뒤 오토바이에 타고 있었다. 그래서 오토바이에서 내려서 말을 걸지 않았다. 내가 젊을 때는 나이가 들어 보였다. 말을 건다는 것이 익숙하지 않고 쑥스러워 더 다가가지 못했다. 나중에 상화가 그때는 아저씨 같은 느낌을 받았다고 얘기했다. 동생 의균이가 "형님한테 딱 맞는다"라고 좋아하며 결혼했으면 좋겠다고 했다.

나도 지금까지 내 눈에 비친 보통 다른 여성과 달리 상화를 처음 봤을 때 느낌이 달랐다. 그래서 서울 계동 이모부 댁에 사는 상화에게 편지를 썼다. 깨끗하고 청초하다고. 그리고 정숙하다고. 본격적인 두 번째 만남은 편지를 보내서 10월쯤 서울에서 만났다. 당시 나는 대전에서 충남대학교 강사를 하고 있었다. 계동 올라가는 고갯길에서 만나자고 했다. 거기서 서서 얘기했다. 나는 양복을 입었고 상화는 처음 만났을 때 입었던 베이지색 투피스를 입고 나왔다. 베이지색 투피스는 사연이 깊다. 결혼 후 나의 사촌 여동생 박영희가 파독 간호사로 떠날 때 상화는 자기가 입던 베이지색 투피스를 입고 가라고 선물로 줬다. 영희는 굉장히 좋아했고 그 옷을 입고 독일로 갔다. 언니에게 너무나 고마웠다고 훗날 독일 갔을 때 영희가 나에게 얘기했다. 그 정도로 의미 있는 옷이었다.

결혼을 성사시키기 위해 나는 우리 측에서도 누군가 상화를 만나야 한다고 생각했다. 11월 초, 은행잎이 땅에 가득했을 때 나와 친구 김기주, 정양모 셋이 연건동 서울 문리대 교정 벤치에서 상화와 만났다. 당시 내 친구 김기주(전 서울교대 총장)와 정양모(전 국립박물관 관장)와 나는 셋 다 공군사관학교 교관 출신이었다. 두 사람은 서울대 동양사학과를 나왔고 우리 셋은 기숙사에서 한 방을 쓰고 무척 친했다. 두 친구가 상화를 보고 너무 좋다고 좋아했다. 넷이 산책하던 모습이 눈에 선하다. 프로포즈는 딱히 안 했다. 자연스럽게 서로 좋아하고 결혼으로 진행됐다.

김정수 이모님과 정상화 사촌 동생들과 함께(59.)

2. 상화와 약혼식

　나는 상화랑 처음 만났을 때부터 결혼하고 싶었다. 사귀고 싶은 그 이상으로 생각을 하고 있었다. 그래서 서울을 수시로 가서 자주 만났다. 한번은 상화가 집에 일이 있어 대전에 왔다 갈 때 내가 전송하러 갔다. 전송하러 나갔는데 헤어지기 싫어서 그 기차를 같이 타고 서울까지 갔다. 상화는 꾸밈이 없고 순수했다. 심성이 차분하고 다른 사람 배려를 잘했다. 데이트할 때도 그대로 성품이 드러났다. 그해 12월 25일 크리스마스 때 대전 다니러 와서 만나 저녁에 단팥죽 먹던 생각이 난다. 흰 코트를 입고 나왔는데 내가 흰 강아지라고 불렀다.

　약혼을 한다고 하니까 상화 친구들이 전부 반대했다. 내가 돈도 없고 시간강사를 하고 있어 사회적 지위도 확보하지 못한 상태라 왜 그런 사람하고 하느냐고 반대했다. 친구들도 반대하고 장인어른인 정헌영의 큰아버지 가족들도 탐탁지 않게 여겼다. 장인은 아들이 없는 본인의 큰아버지 집에 양자로 들어간 상태였다. 그 정씨 집안에서 상화가 첫 번째 자식이었다. 그래서 남부럽지 않게 결혼을 시키려고 했는데 뚜렷하게 내세울 것이 없는 사람한테 결혼한다고 반대했다. 그때는 상화가 정 씨 집안의 여왕이었다. 공부도 제일 잘했고 좋은 학교인 이화여자대학교를 나왔고 예쁘고 귀티가 났다. 나는 참 쓰라렸다. 그래서 이를 악물고 일을 해나갔다.

　결혼을 전제로 계속 만나다가 상화가 대학을 졸업한 후 4월경 대전 은행동 모 식당에서 약혼했다. 상화의 양봉석 김정수 둘째 이모부 부부, 임내과 원장 부부, 장모님 김유희 여사, 상화 막냇동생 정준화가 참석했다. 내 쪽은 어머니와 아버지, 동생들 세 명 이렇게 참석했다. 나는 시계를 받고 상화는 반지를 받았다. 그리고 박 루이스 신부님께 부탁해서 미국 유명 백화점 물건이 적힌 카탈로그 책자를 상화에게 보여주고 이 중 원하는 것을 고르라 했다. 상화가 파란 하늘색 코트를 선택해서 박 루이스 신부님이 대신 주문해주었다. 상화가 약혼식 때 입었던 하늘색 코트가 예쁘고 색깔이 좋아서 사람들이 어디서 이런 코트를 구했냐고 했다. 대전에서 그런 코트를 입은 사람이 거의 없었다. 상화는 좋아했고 그런 나를 주변에서 좋게 생각했다. 코트를 입고 여수 사는 상화 막내 이모 집에 방문하기도 했다. 자주 입었는데 몸에 잘 맞고 보기도 좋았다.

이화여대 영문과 동기들과 교정에서(62. 4)

이화여대 영문과 동기들과(62. 4)

이화여대 영문과 동기들과(62. 봄)

이화여대 영문과 교수님과 친구(62. 봄)

이화여대 영문과 졸업 전(62.)

정상화, 이화여자대학교 영문과 학사 졸업(63. 2)

3. 상화와 결혼식

1963년 11월 20일, 나는 목동성당을 다녀서 목동성당에서 결혼식을 하고 싶었는데 결혼식은 대흥동 성당에서 했다. 임내과 사모님이 주선해주셔서 대흥동 성당 오기선 신부님이 집전했다. 당시 교구장 오기선 신부님은 대전지역의 사목을 담당하시고 강한 리더십으로 사제들을 통솔했다. 주교좌성당이었던 대흥동 성당에 있다가 대전교구가 새로 신설되면서 서울로 가셨다. 나는 이 결혼이 하느님이 주신 선물이라고 생각하고 신심을 갖고 열심히 해야겠다고 마음먹었다. 그래서 상화에게도 결혼하려면 영세를 받아야 한다고 해서 상화도 결혼 2~3개월 전 세례를 받았다. 나는 대학교 졸업할 때 목동성당에서 이미 세례를 받았다. 나는 베르나르도 세례명이었고 상화는 글라라 세례명을 받았다.

약혼식(63. 4)

결혼식, 대흥동성당(63. 11. 20)

결혼은 상화에게 영세 받는 계기가 됐고 나에게도 열심히 신앙생활 하는 계기가 됐다. 특히 목동성당에 계셨던 박 루이스 신부님이 굉장히 좋아하셨다. 마침내 내가 결혼을 통해 성가정을 이루게 됐다고 기뻐하셨다. 상화를 만나 결혼한 것은 나에게 한 차원 높은 삶을 사는 계기가 됐다. 상화에게도 나와의 결혼생활은 신앙생활을 통해 서로 뜻이 맞아서 풍족하지 않아도 모든 것이 이해가 됐다. 강요도 아니고 매달린 것도 아니고 스스로 우러나서 가정생활을 이루어나가게 된 것이 참 좋았다. 상화와는 뭘 해도 무리가 없었다.

신혼여행은 유성온천 옆 지금의 리베라호텔 자리에 있던 만년장으로 갔다. 상화는 결혼 선물로 받은 하늘색 코트를 입었다. 유성이라 어디 갈 곳도 없어 이틀 동안 얘기를 많이 했다. 내가 어떻게 자랐고 앞으로 어떻게 계속 노력해야 하는지 걱정이라고 했다. 둘이 노력해서 이루어내야 한다고 다짐을 많이 했다. 내 또래 중에서 내가 결혼을 빨리 한 편이었다. 그래서 내 결혼에 유심히 관심을 가졌던 많은 친지들이 왜 신혼여행을 멀리 안 가고 대전으로 가는지 의아해했다. 겨우 유성 가서 목욕하고 오냐고 했다. 사실 나는 돈이 없어서 멀리 갈 수가 없었다. 상화는 속으로 불만이 있었을 수도 있지만 그래도 내 처지를 알고 그런 것을 알아서 다 묵인했다. 서로가 어려움이 있어도 알아서 서로 이해했던 것이었다.

결혼식 후 퇴장(63. 11. 20)

결혼식 전, 박 루이스 신부님 오토바이 타고(63. 10)

신혼여행 만년장 앞, 하늘색 코트를 입고(63. 11. 20)

4. 장인어른 정헌영, 장모님 김유희 여사

1) 장인어른, 정헌영

아내 정상화의 할아버지 정우용은 연산에서 농사꾼이었다. 그 부모가 공부를 안 시켜서 그렇지 정우용 할아버지가 머리는 좋았다. 정순용과 정우용은 형제고 상화 할아버지가 동생이었다. 정우용과 부인 조휘원 사이에는 자식이 정헌영밖에 없었다. 그런데 형인 정순용도 자식이 없어서 정헌영이 큰집 자식으로 들어갔다. 호적에는 정헌영이 큰아버지 정순용의 아들이다. 다른 자식들도 있었지만 적통은 정헌영 한 명밖에 없었다.

나의 장인인 정헌영은 1916년 6월 26일 출생했다. 6년제 대전중학교를 나오고 지금의 서울상대인 서울 고등상업학교를 나왔다. 그래서 장인이 머리가 비상했다. 들은 바에 의하면 일제 강점기 5년제 대전중학교를 졸업할 때 1등으로 졸업했다. 지금의 서울상대 졸업 앨범에 '수재도 존다'라는 말이 적혀 있을 정도였다. 결혼 전 사귀면서 상화한테서 장인어른에 대한 이야기를 들었다. 산업은행 대구지점 차장이었던 아버지가 6.25 때 이북에 납북됐다고 들었다. 장인어른과 나는 사실 나이 차이가 그리 많이 나지 않았다. 그래서 결혼할 당시 그분을 아는 분들을 만나보니까, 장인어른이 아주 유능한 인재이고 이곳에서 살지 못한 것이 너무나 안타깝다고 하는 이야기를 많이 들었다.

어릴 때 상화 가족은 대구에서 살았다. 장인어른이 서울 본점 심사부장으로 영전되어 서울로 이사 가려고 하던 참에 6.25가 났다. 아버지는 먼저 서울에 가 있었고 상화 가족은 대구에 남아있었다. 장인어른이 가족과 헤어지게 된 사건은 남북한이 치열하게 전쟁을 치르는 참상 속에 벌어졌다. 북한이 북으로 쫓겨 가고 국군이 북진할 때, 그리고 1.4 후퇴 전 즈음 장인어른은 북으로 납치돼 올라갔다. 납치된 후에는 어쩔 수 없이 북에 있었다. 이산가족이 됐다. 6.25 나고도 4~5개월을 상화는 대구 산업은행 관사에서 지냈다.

장인어른 정헌영 대전중학교 일본 수학여행(32. 5. 13)

장인어른에 대한 소식을 한동안 모르다가 우연히 들을 기회가 있었다. WHO 극동아시아지역 본부가 필리핀에 있었던 적이 있다. 당시 아시아지역 책임자가 필리핀 책임자였다. 그런데 이분이 어릴 때 장인어른과 연산 고향에서 같이 컸다. 한번은 이분이 부인과 함께 한국에 올 일이 있어 왔다가 대전 선화동 집으로 나와 상화를 보러 왔다. 그때 보신탕을 어머니가 잘 끓여줘서 맛있게 두세 끼를 먹었다. 여러 가지 대화를 나누던 중 나에게 장인어른 소식을 들려주었다. 이분은 유엔 고위직으로 여러 경로로 장인어른 소식을 들을 수 있었다. 그때 들은 소식으로 장인어른이 북에서 결혼을 했고 자식도 있다는 것 같았다. 간접적으로 듣길 장인어른이 아이들을 많이 보고 싶어 했다고 한다. 상화의 또 다른 이름인 현옥이를 특히 보고 싶어 했고 현옥이를 생각하며 많이 울기도 했다고 한다.

북한에서의 삶은 녹록하지 않았을 것이다. 남아있는 젊은 시절 사진으로 본 장인어른은 자녀들을 무척 귀여워하고 지성이 넘치는 말쑥한 신사로 보였다. 나는 장인어른이 어떤 분인지 남겨진 장서를 살펴보기도 했다. 1986년 6월 13일에 장인어른이 작고했다. 1916년에 태어났으니 70세에 돌아가셨다. 상화를 생각해도 나에게도 장인어른의 부재는 너무나 안타까운 일이었다.

장인어른 정헌영, 관악산 등산 기념(37. 10. 31)

하모니카 부는 장인어른 정헌영(37. 1)

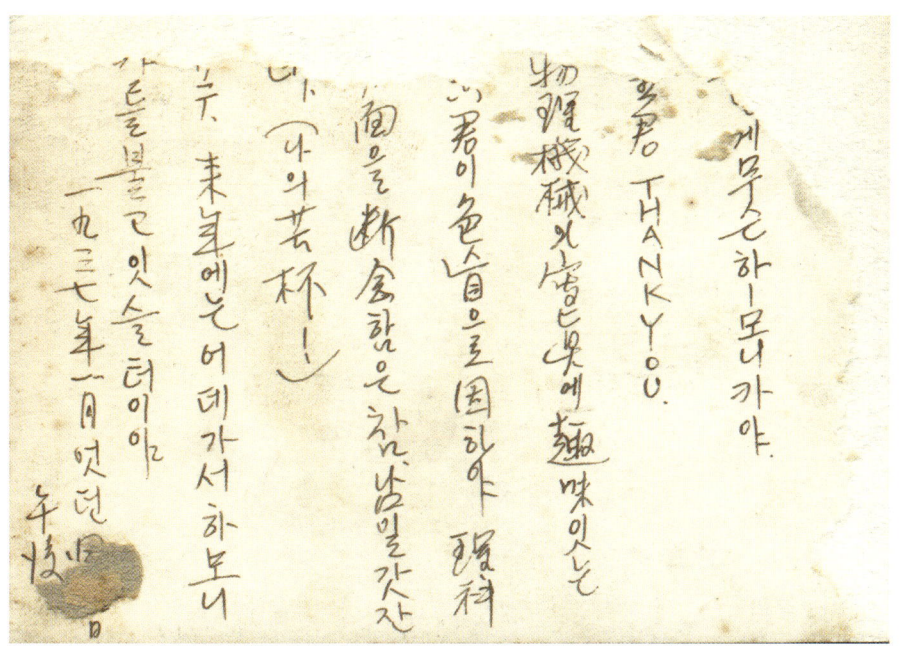

하모니카 사진 뒷면, 장인어른 정헌영의 정갈한 글씨체와 섬세한 낭만적 감성

3. 아내 정상화와 장인 장모님

2) 장모님, 김유희 여사

나의 장모님 김유희 여사는 1921년 7월 9일 출생했다. 장인어른과는 다섯 살 차이 났다. 처음 장모님을 어디서 뵈었는지는 정확히 기억나지 않는다. 상화와 만나기 전 먼저 임내과 사모님, 숙명여고 친구였던 장모님 둘째 언니를 장모님과 같이 만났다. 장모님은 그날 굉장히 기뻐하셨다. 단순히 사위를 봐서 좋아한 것을 넘어선 희열이었다. 28세 때 혼자 되어 남편 없이 살며 3남매를 키우셨던 분이었다. 장모님이 실질적인 가장의 역할을 했던 입장에서 사위는 지금까지 희구하던 대상이었다. 자신이 바라던 소망을 이루어줄 상대를 만났다는 기쁨이었다. 그러면서 자주 만나서 얘기하자고 하셨다.

장모님은 결혼에 적극적이었다. 젊은 나이에 혼자가 된 장모님은 딸을 빨리 결혼시키고 싶어 했다. 그리고 유난히 나를 좋아하셨다. 나도 여느 여자들과 달리 장모님이 될 김유희 여사와의 만남이 예사롭지 않았다. 양쪽이 다 일맥상통하는 것이 있어서 결과적으로 혼인이 성사가 됐다. 상화도 자기 엄마가 좋아하니까 더 나를 좋아했다. 처음 장모님을 뵈었을 때 인상은 여성스럽고 순수한 모습이었다. 옷을 입으면 옷태가 나게 입으셨다. 장모님하고 나하고는 나이 차이가 크지 않았다. 나는 나이가 들어 보이고 장모님은 앳돼 보였다. 내가 상화를 선택한 동기 중 가장 큰 것은 장모님이 맑고 순수하면서도 어려운 상황에서 세 자녀를 잘 키워냈다는 데에도 있었다. 이러한 사실은 나에게 큰 감복을 줬다.

상화는 이화여자대학교 영문과 졸업 후 3월 1일부터 모교인 대전여고 영어교사로 근무했다. 학생들에게 인기가 엄청 많았다. 장모님은 시어머니를 모시고 막내 준화와 함께 대흥동 대전고등학교 바로 밑에서 살았다. 나는 퇴근해서 대흥동 집에서 상화가 퇴근하기를 기다리고 같이 저녁 먹고 밤에 집에 오는 일을 거의 매일 반복했다. 근 1년이나 그렇게 했다. 상화 친할머니는 옛날 시골 노인이라 음식을 잘했다. 당시 장모님은 대전 중앙시장에서 포목장사를 하고 있었다. 그래서 대흥동 상화 집에 가면 항상 할머니가 계셨고 저녁을 차려줬다. 상화 친할머니가 음식을 직접 해주셨는데, 내가 제일 잘 먹은 음식이 옛날 집에서 담근 간장 게장이었다. 할머니가 지금은 보기 힘든 논에 있는 게로 맛있는 게장을 해줬던 일이 지금도 유난히 생각난다.

그 집에 들락거리며 느낀 것은 장모님이 시장에서 비단 장사하면서 항상 돈이 달렸던 기억이 난다. 그래서 그 돈을 메꾸려고 부자 형부인 양봉석 회장에게 급한 돈을 빌려서 장사하는 데 융통했다. 내가 볼 때는 옷 장사가 잘 되는 것이 아니었다. 먹고사는 데 급급해 보였다. 그래도 세 자녀를 키워내는 데 애를 많이 쓰고 시어머니 봉양하고 고생 많으셨다. 상화 할아버지는 산도 있고 논도 있었지만 재정적으로 아들의 남은 가족을 돌보지 못했다. 그래서 나는 걱정이 됐다. 결혼하면 이 집도 살려야 하는데, 나는 성실하게 일은 하지만 돈 버는 재주는 없는데, 하여간 속으로는 걱정이었다. 그래도 내가 성장하고 발전하면서 양쪽 집의 기강을 잡아나가게 됐다. 그쪽 집에 가장이 없었고 처남들은 어렸다. 상화는 장녀이기에 내가 잘해줘야 하는데 하는 신경이 쓰였다. 나는 양가 오 씨 집안과 정 씨 집안의 기둥이었다.

옆에서 오래 지켜 본 장모님은 예의가 있고 할 도리를 잘 챙기는 분이셨다. 어려운 시기에 떨치고 일어나 경제적으로 독립하고 성취하는 과정에서 본인 가족과 남편 집안 양쪽에 큰 역할을 했다. 큰처남 창수와 준화도 나와 누나에게 정말로 잘했다. 3남매가 모두 자신의 역할에 충실한 선한 사람들이었다. 장모님 환갑과 고희연(古稀宴) 때 행복해하며 자식들을 누구보다도 자랑스러워하던 모습이 눈에 선하다. 김유희 여사는 1996년 12월 4일, 75세에 돌아가셨다.

장인어른 정헌영, 직장 동료들과 함께

장모님 김유희 여사 20대 초(39. 초 추정)

장인어른, 장모님, 정상화 돌 무렵(40. 9. 추정)

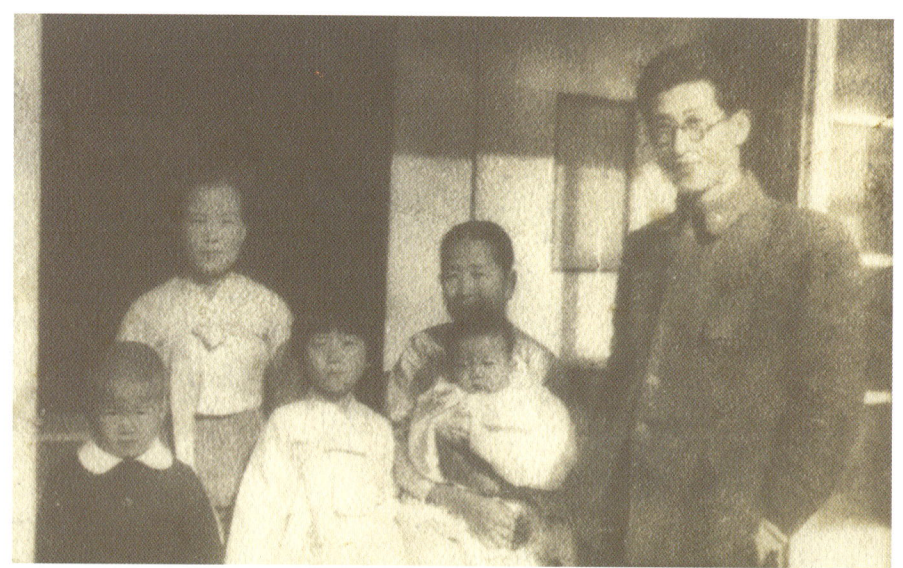

정상화 어린 시절 가족(46. 추정)

정상화 학창 시절 가족(56.)

정상화 대학교 시절 가족, 할머니 할아버지와 함께(61.)

정상화 결혼 후 가족(64.)

3. 아내 정상화와 장인 장모님

정창수 육사 졸업식, 장모님 김유희 여사 가족과 친척(65. 2. 23)

김유희 여사, 환갑을 맞아 딸과 사위의 큰절(81. 5. 10)

장모님 김유희 여사 환갑잔치, 딸과 사위 소개(81. 5. 10)

장모님 김유희 여사 환갑잔치, 환하게 웃으시는 장모님(81. 5. 10)

장모님 김유희 여사 고희연(古稀宴)에서 아들들과 기뻐하며(90. 6. 17)

장모님 김유희 여사 고희연(古稀宴)에서 가족과 함께(90. 6. 17)

4
신용협동조합, 신앙을 바탕으로 경제를 일으키다

- 공 안드레아 신부님과 신용협동조합의 시작
- 이스라엘 유학과 정신
- 캐나다 유학과 세계신협협의회 견학
- 신용협동조합 교육과 연수원 건립
- 신용협동조합 임원 활동의 고충
- 신용협동조합연합회 회장 당선과 세계신협인대회 개최
- 신용협동조합연합회 회장직 사퇴
- 가톨릭 꾸르실료 교육과 신협운동

1. 공 안드레아 신부님과 신용협동조합의 시작

　내가 신용협동조합을 시작한 이유에는 신앙적인 부분이 크다. 나는 박 루이스 신부님의 영향을 받아 가톨릭 세례를 받았고 공 안드레아 신부님을 통해 신협운동을 시작하게 됐다. 아버지 어머니 모두 열심하고 독실한 신앙인이 됐다. 아버지 도밍고는 비가 오나 눈이 오나 성당에 갔다. 그 믿음이 나에게도 인생의 바탕이 됐다. 캐나다 출신인 공 안드레아(A. Comtois 공아영 1928~2023) 신부님은 6.25 전쟁이 멈추고 몇 년 후 대전 목동 천주교회 옆 프란치스코 수도원 수사 신부님으로 오셨다. 목동본당 13대(59.1~65.7), 15대(67.5~71.10) 주임신부님으로 근검, 절약과 자립정신을 실천으로 보여준 훌륭한 신부님이었다. 특히 캐나다에서 신용협동조합운동에 대해 많이 공부했다. 그래서 못사는 사람들이 열심히 일해 부를 일구는 신협이념을 우리나라에 꽃피우려는 열정을 갖고 계셨다.

　내가 젊은 시절 공 신부님을 만난 것은 지금 생각해봐도 필연적인 인과관계로 생각되고 하느님의 이끄심이 있었다고 생각한다. 목동 천주교회를 다니던 어느 날 미사를 보러 저녁에 성당을 갔다. 그때 목동성당 본당 신부님이 공 안드레아 신부님이었다. 나에게 "오 교수님, 오늘부터 신용조합 교육이 있는데 와서 들으세요"라고 말했다. 나는 신용조합이 뭔지 선뜻 떠오르지 않았고 무슨 협동조합인가보다 했다. 그래서 "신용조합이란 게 뭐예요?" 하고 물었다. 그랬더니 공 신부님이 "오 교수님은 교수이기 때문에 딴 사람보다 더 잘 알 수 있어요. 깊게 더 잘 이해할 수 있으니 와서 들으세요"라고 말했다. 그때 나는 '3일 동안 밤에 3시간씩 교육을 받아야 하고 하루라도 빠질 수 없다. 교수가 가서 듣는 것도 어색하다. 무시하는 것은 아니지만 목동 천주교회 주변 빈촌의 가난한 사람들이 많이 듣는 거다' 라고 생각하니 영 내키지 않았다.

　그런데 신부님이 말씀하셨다. "이것은 교회 사업이기 때문에 알아서 신자들에게 보급을 해요. 그러니 와서 목동 신용조합을 만드는 데 힘을 보태주면 좋겠어요."라고 하셨다. 난 다른 약속도 있었지만 그것을 미루고 교육을 받았다. 다들 호수유치원 강당에서 강의를 들었는데 교육을 한 강사가 서강대 4학년 학생이었다. 학생이 강의를 한다는 게 신선해 보였다. 그때 든 생각이 '이건 우리나라에 꼭 필요한 조직이다. 이것을 조직화해서 키우면 가난을 벗어나는 데 가장 효과적인 단체가 될 수 있다. 돈이 많아지면 탐하는 사람들이 많은데 신용협동조합은 처음에 푼돈으로 시작한다. 1원도 저축을 한다. 이 조직을 헌신적으로 해서 제대로 키워야겠다.' 나는 이렇게 생각하고 조합원으로 가입했다. 자녀들이 태어난 해에 모두 저축통장을 만들어주고 어릴 때부터 저축하는 정신을 기르게 했다.

공 신부님 실천에 감동받아 대전지역에서 신협운동을 적극 전개하게 됐다. 그 결과 1968년, 대전에서 처음으로 목동천주교회 신용협동조합을 설립할 수 있었다. 목동천주교회 신용협동조합 설립을 계기로 나는 대전지역 신협을 늘려 나가는 데 전력하였다. 내가 어려움에 봉착할 때마다 공 신부님은 캐나다에서의 체험을 되살려가며 도와주시곤 했다. 첫째도 교육, 둘째도 교육, 셋째도 교육이라는 공 신부님 사상을 잊을 수 없다. 신부님의 신념에 찬 목소리가 아직도 귀에 생생하다.

황민성 베드로 주교님, 공 안드레아 신부님, 명 레오나르도 신부님과 목동성당 앞에서(65. 8. 15)

공 안드레아 신부님과 목동성당 신자들과 함께, 세례식 추정

요안나 수녀님과 목동성당 신자들과 함께(68. 추정)

4. 신용협동조합, 신앙을 바탕으로 경제를 일으키다

공 안드레아 신부님, 상화와 함께(68. 추정)

목동성당 심인자 마리스테파노 수녀님과 정상화(70. 추정)

공 안드레아 신부님 전달식(68. 추정)

신용협동조합 지도자 강습회(74. 추정)

제14차 신용협동조합 지도자 강습회(75. 추정)

2. 이스라엘 유학과 정신

　신용협동조합을 알게 된 후 나는 이것을 제대로 해야겠다는 결심을 본격적으로 했다. 나보다 못한 어려운 사람들을 위하는 기관이 신용협동조합이었다. 1970년 11월 중순부터 71년 5월까지 약 6개월간 이스라엘의 Afro-Asian Institute(아프리카 아시아 기관)에 갔다. 이곳은 후진국 지도자들에게 이론과 실무를 갖춰 국제적인 지도자로 양성하는 이스라엘 국책기관이었다. 젊은 경제학도로 우리나라 신용협동조합 발전을 위한 이론 확립에 많은 연구와 시간을 할애했던 나였다. 이론을 반드시 체계화시킬 필요가 있었다. 당시 경제발전을 위해 온 국민의 힘을 집중하고 있던 때라 협동조합을 조직화해 국가발전의 초석을 세운 이스라엘의 성공적인 운영사례를 배우고 싶었다.

　나에게는 첫 해외 방문이었다. 서독 미제레오 재단의 지원을 받아 이스라엘 국립 히브리대학교 아시아 아프리카 연구원 협동조합과정에 입학했다. 키부츠와 모샤브 등 협동조합의 조직과 운영에 관한 체계적인 연구를 했다. 당시는 지금처럼 개인이 쉽게 비자를 받을 수 없었는데, 이스라엘 국가 기관에서 초청하는 거라 외국에 나갈 수 있었다. 이스라엘에 갔다가 서독에 들렀다 오는, 8개월이라는 긴 기간 나가 있는 거였다. 지금처럼 외국에 쉽게 나갈 수 없던 시절이라 떠나기 전 목동 집에서 가족사진을 찍었다. 대전역에는 신용협동조합 관계자들이 많이 나와 환송했다. 김포공항에도 친척들이 모두 나와 멀리 가는 길에 함께해줬다. 한국 노동조합 임원하고 같이 갔다. 이스라엘까지 가는 길은 험난했다. 동경에서 싱가포르를 거쳐 테헤란으로 가서 이스라엘로 들어갔다. 30시간이 걸려 가는 길이었다. 이스라엘이 세운 국책기관이었기에 체류 시 연구비와 여행 경비는 모두 연구소에서 대줬다.

　가서 보니 사람이 일상을 살아가면서 사회나 국가에 기여하는 정신이 협동조합 정신이었다. 이러한 정신을 바탕으로 나는 이스라엘 기관에서 지도자 양성교육을 체계적으로 받았다. 이스라엘 협동조합에서 스스로 돕는 자조 자립정신을 체계적으로 연구하고 취득했다. 이스라엘은 금요일 토요일을 쉰다. 쉴 때 키부츠 모샤브도 두루 다녀보고 많은 얘기도 들었다. 실지로 이스라엘의 키부츠 모샤브 마을 공동체가 어떻게 조직됐는지 보고 체득했다. 또 홍해도 가보고 사해도 가봤다. 유대인들이 성경에서 항전했던 마사다도 가봤다. 마사다에는 높은 산이 있는데, 그곳이 성경에 나오는 빗물을 받아서 기가 막히게 4년 동안이나 버텼던 곳이었다. 그곳에 있던 모든 사람이 자결했던 역사적인 장소였다.

그게 바로 이스라엘 정신이었다. 그 작은 나라가 큰 역할을 하는 배경이었다. 그 사람들이 말했다. 6일 전쟁 당시 이스라엘 인구가 200만이고 주변 아랍 국가 인구가 2억 정도 됐다. 아랍 인구가 이스라엘의 100배쯤 되는데도 "너희들 까불면 죽어" 하는 이스라엘의 정신으로 이스라엘이 중동전쟁에서 승리했다고 했다. 우리나라와 비교가 됐다. 나라를 필사적으로 지키는 그 정신이 이스라엘을 다녀와서 나를 강인하게 만든 정신이자 국가를 위해 헌신해야겠다고 만든 계기가 됐다.

이스라엘 유학을 끝내고 귀국 길에 서독에서 한 달 넘게 체류했다. 바로 한국으로 오지 않고 독일로 간 데는 서독에 있는 협동조합과 미제레오 재단을 가야 할 중요한 목적이 있었다. 신용협동조합(Credit Union)의 모든 조직과 활동내용은 바로 서독 라이파이젠 협동조합(Reiffeisen Union)을 본떠서 적용한 것이다. 나는 이스라엘에서 배운 생생한 협동조합 이론을 토대로 서독 협동조합 실태를 현장감 있게 더 잘 파악할 수 있었다. 또 당시 서독에는 백남익 디오니시오 신부님이 파견 가 있었고 대전성모병원 설계도를 갖고 계셨다. 서독 미제레오 재단에서 대전성모병원 개축 건립을 지원해주기로 했다. 나는 설계도를 미제레오 재단에 가서 승인받고 대전교구에 전달해서 빨리 착공되도록 연결하는 임무를 수행했다. 미제레오(Misereor) 재단은 70년대 우리나라 신용협동조합과 경제 발전에 큰 역할을 한 서독 가톨릭 종교단체였다. 빈곤으로 어려운 상황에 처한 세계 각 나라를 도와주기 위해 서독 주교회의에서 만든 재단이었다. 개발도상국의 가난을 퇴치하기 위해 신자들이 그리스도 정신으로 자발적으로 희생하며 돈을 모았고 그 기금으로 필요한 나라에 돈을 지원해주었다. 미제레오 재단 덕분에 나도 이스라엘에서 연수를 받을 수 있었고 신협 연수원도 대전성모병원도 건립할 수 있었다.

이스라엘 유학 출발 전, 목동 집에서 가족사진(70. 11)

이스라엘 유학, 대전역에서 신협 관계자들과 함께(70. 11)

이스라엘 유학, 대전역에서 기차 타면서(70. 11)

이스라엘 유학, 김포공항에서 셋째 지희를 안고(70. 11)

이스라엘 유학, 김포공항에서 상화와 함께(70. 11)

이스라엘 유학, 김포공항에서 친인척과 함께(70. 11)

이스라엘, 아쉬켈론 국립공원, 연수생들과 함께(71. 2. 2)

이스라엘, 모샤브, 요셉의 집 앞에서(71. 2. 6)

4. 신용협동조합, 신앙을 바탕으로 경제를 일으키다

이스라엘 계곡(71. 2. 28)

이스라엘, 아프리카 아시아 기관 앞에서 연수생들과 함께(71. 2. 14)

이스라엘 홍해로 가는 길 계곡에서(71. 2. 28)

이스라엘, 갈릴래아 호숫가에서(71. 2. 28)

이스라엘, 골란 고원 앞에서(71. 3)

이스라엘, 골란 고원에서(71. 3)

이스라엘, 사막에서(71. 3)

4. 신용협동조합, 신앙을 바탕으로 경제를 일으키다

이스라엘, 예루살렘 입성 전 당나귀 타고(71. 3)

이스라엘, 공동체 마을 앞에서(71. 3)

이스라엘, 예루살렘 성벽 야포의 문 앞에서(71. 3)

이스라엘, 텔아비브 연수생들과 함께(71. 3)

3. 캐나다 유학과 세계신협협의회 견학

　내가 신용협동조합 발전에 기여한 두 번째 역할은 다른 나라 신용협동조합과 견주어서 보다 내실 있고 견고한 단위조합을 건립했다는 것이다. 신협의 세계화가 필요했다. 그렇게 만들기 위해 세계에 있는 다른 신용협동조합을 다니면서 견학했다. 나는 일반 조합원과 달리 조금 차원 높은 교육을 받으려고 1972년 1월 캐나다 동부 노바스코시아 주에 있는 작은 도시 앤티고니쉬(Antigonish)에 유학했다. 앤티고니쉬 도시에 있는 성 프란시스 세비어대학(St. Francis Xavier University, Coady) 석사과정에 입학해 약 8개월간 유학하고 국제연구원 사회발전과정을 수료했다. 세계 각국의 지도자들을 양성하는 그곳에 학교를 휴직하고 나 혼자 갔다.

　세비어대학이 있는 앤티고니쉬는 협동조합운동과 성인교육운동인 〈앤티고니쉬 운동〉의 본거지로 유명했다. 상부상조정신을 실현하는 협동조합운동이 서민에게까지 활성화된 도시였다. 그곳 기숙사에 머물며 체계적으로 수준 높은 교육을 받았다. 지도교수인 아미트 교수는 후진국이 발전하려면 지도자가 순수이론에 매이기보다 믿고 있는 신념을 실천하는 것이 중요하다고 인식시켰다. 나는 캐나다 이주민들이 대기업으로 성장한 자본주의 역사를 배우고 국가발전을 위한 경제이론과 행동양식을 습득하는 데 최선을 다했다. 리포트도 내고 시험도 쳤다. 그때는 영어로 공부해서 영어도 꽤 잘했다. 수준 높은 선진 신용협동조합 조직을 배울 수 있었다. 나는 상화와 함께 1981년 1월에 교수 신분이자 세비어대학 수료생으로 격려차 다시 앤티코니쉬를 방문하기도 했다.

　이스라엘은 나라의 국력을 높이기 위해 배우러 간 것이었고 앤티고니쉬 세비어대학 방문은 순전히 신용협동조합의 이념과 조직을 체계화하기 위해서 간 것이었다. 신협은 지역사회 개발의 일환이었다. 신협이라는 같은 이름을 갖고 부당 경쟁하는 일이 많기 때문에 지역 간의 연대를 어떻게 만드는지 아는 게 중요했다. 당시 세계신용협동조합 연합회가 조직돼서 본부가 미국 위스콘신주 메디슨 시에 세워졌다. 메디슨 시에 있는 세계신협협의회 WOCCU(World Council Credit Union)를 앤티고니쉬 대학 연수를 끝내고 귀국하는 길에 들러 1주일간 머물렀다. 그곳에서 세계신협협의회 회장을 만나고 필요한 임원들과 만나면서 신용협동조합의 생생한 탄생과 모범적인 관리를 보고 체득했다.

캐나다 앤티고니쉬 성 프란시스 세비어대학 학교 연수 중(72. 봄)

4. 신용협동조합 교육과 연수원 건립

이스라엘을 다녀온 일은 국민들을 조직화하고 체계화시켜 돈의 가치에 대해서 인식을 바꾸는 데 영향을 미쳤다. 특히 저축에 대한 생각에 변화가 많았다. 결국 저축이 살길이다, 저축이 있음으로써 투자를 해서 경제적인 과실이 나올 수 있다는 것을 깨닫게 됐다. 이스라엘은 낳자마자 출생 기념 통장을 만들어준다. 크면서 자기 저금이 많아짐으로써 돈에 대한 관리를 어릴 때부터 철저하게 한다.

이스라엘을 갔다 와서 한국에 와서 실천해야 한다는 생각에 본격적으로 신용협동조합 연합회 이사로 참여하게 됐다. 신용협동조합 연합회 임원들은 모두 무보수로 헌신과 희생을 바탕으로 일했다. 국민을 깨우친다는 의미에서 "하나도 교육, 둘도 교육, 셋도 교육"이라고 외쳤다. 국민 계몽 교육을 통해 국민 개도와 교육에 전념하게 됐다. 그때 나는 연합회 부회장이 됐고 당시 회장인 이상호 씨와 합심해서 자조 자립 운동을 구체화시켜 나갔다. 그 일환으로 조직을 발전시키고 성과를 내려면 교육이 뒷받침되어야 함을 절실히 인식해 교육 연수원을 만들어야겠다는 생각을 하게 됐다. 그런데 서울에서는 수도권에 있어야 한다고 하고 나를 위시한 충남지역에서는 대전에 연수원이 만들어져야 한다고 주장했다. 신협은 단위조합별로 소통하고 교육하기에 전국에서 모인다. 나는 신협운동이나 역사로 봐서 한쪽으로 치우치는 것보다 중앙인 대전에 자리잡아야 한다고 생각했다. 이상호 회장의 노력이 합쳐져 결국 대전으로 결정됐다. 그 뒤 한동안 연합회가 너무나 어려워졌다. 원래 연합회는 회원들의 회비로 운영되는데 이후 3년간 회비불납운동으로 이어질 정도였다. 나도 마음고생을 많이 해 무척 힘들었다.

마침내 유성에 연수원 자리가 마련됐다. 땅은 당시 조합원들이 출자금으로 충당하고 건물은 독일 미제레오 재단에서 마련했다. 주로 나는 국내 기금출연에 전력을 쏟았고 이상호 회장은 미제레오 재단에 교섭을 해서 후원을 받는 데 전력을 기울였다. 연수원 건립을 위해 나도 독일 아헨지역 미제레오 재단에 갔다 왔다. 미제레오 재단은 결과적으로 두 번 갔다 왔다. 한번은 백남익 신부님과 둘이 대전성모병원 건물 설계 승인을 위해 갔다 왔고, 두 번째는 충남대학교 이주영 박사와 같이 연수원 신축 건물 설계를 위해 갔다 왔다. 1981

년 1월 4일에 독일 본 대학 획트(Voigt) 교수를 방문했다. 획트 교수는 경제학자이면서 우리나라 신협운동에 큰 도움을 준 분이었다. 획트 교수 제자인 이주영 박사가 통역을 해줬다. 한국 신협인들을 독일로 초청해 세미나도 열고 라인강 주변 관광도 시켜줬다. 목적은 다 달성했다. 대전 연수원이 1981년 7월 1일 준공 및 개원식을 했다. 보람도 컸다. 나의 역할은 연수원이 건립돼 신협이 발전하도록 한 데 있었다. 신협 연수원이 생기고 사람들이 정말 좋아했다. 거기서 다양한 교육 프로그램을 할 수 있었고 중요한 행사도 치를 수 있었다.

신협 연수원이 완공된 이듬해 1982년 6월 3일, 메리 가브리엘라 수녀님이 연수원을 방문했다. 미국서 수녀원을 은퇴하고 한국에 들러 새로 완공된 연수원을 방문했다. 우리는 당시 가벨 수녀님으로 불렀다. 가벨 수녀님이 보여준 사랑은 삶을 실천하는 것이었다. 미국 펜실베이니아 출신의 가벨 수녀님은 일제 때 평양교구에 소속돼 있었다. 전쟁 중 부산 메리놀병원에서 전쟁미망인들을 위한 활동을 하면서 높은 이자로 신음하는 한국의 참혹한 가난을 직접 보셨다. 그래서 캐나다 성 프란치스코 하비에르 부설 협동조합 연구원에서 협동조합 운동을 공부하고 다시 오셨다. 1960년 5월 1일, 가벨 수녀님과 가톨릭 신자들이 모여 부산에 우리나라 최초의 신용협동조합을 설립했다. 빈곤에서 나아가는 길은 교육과 근검, 저축이라는 신념으로 헌신했다. 서울의 장대익 신부님, 강정렬 박사와 함께 우리나라 최초의 신협운동 씨앗을 뿌린 분이 바로 가벨 수녀님이셨다. 신협 연수원에서 나와 상화는 가벨 수녀님과의 특별한 날을 함께 기념했다.

연수원이 건립된 이후 본격적으로 체계적인 신협교육을 할 수 있었다. 특히 회계와 관리 부분을 중심으로 교육했다. 직능별로 단위조합 임원교육, 직원교육, 감사교육 등 신용협동조합 관리 영역에서 연수원은 지대한 공헌을 세웠다. 연수원 내에는 분야별 직급별로 원장과 과장이 있었고 건물에서 여러 행사를 했다. 이제 '하나도 교육, 둘도 교육, 셋도 교육'이라는 슬로건을 걸고 신용협동조합을 튼튼하고 안전하게 관리하게 됐다. 그리고 휴식시간에 운동장에서 연수생들이 운동을 할 수 있게 했다. 그래서 사고가 줄어들었고 '아는 것이 힘이다'라는 생각이 신용협동조합에 자리를 잡게 됐다. 나는 연수원에서 임원교육이나 지도자교육은 가끔 했지만 연수원이 체계적으로 운용되고 돌아가도록 하는 데 주로 신경 썼다.

대전중앙신용협동조합 제8주년기념강연(80. 12. 1)

독일 본 대학 훽트 교수 부부와 함께(81. 1. 4)

독일 본 대학 훡트 교수 방문 후(81. 1. 4)

독일 본 대학 훡트 교수 방문 후(81. 1. 6)

독일 본 대학 훡트 교수 방문 후 라인강 유람선(81. 1. 6)

4. 신용협동조합, 신앙을 바탕으로 경제를 일으키다

신용협동조합 연수원 준공, 개원식(81. 7. 1)

메리 가벨 수녀님 연수원 방문 기념(82. 6. 3)

메리 가벨 수녀님 연수원 방문(82. 6. 3)

4. 신용협동조합, 신앙을 바탕으로 경제를 일으키다

메리 가벨 수녀님 환영사(82. 6. 3)

메리 가벨 수녀님 경청(82. 6. 3)

메리 가벨 수녀님 환영 리셉션(82. 6. 3)

상화와 메리 가벨 수녀님과 함께(82. 6. 3)

메리 가브리엘라 수녀님(1900_93)

가벨 수녀님 방문 기념, 신용협동조합 연수원(82. 6. 3)

5. 신용협동조합 임원 활동의 고충

1968년 목동 신용협동조합이 대전에서 처음 만들어진 일은 신앙심이 없으면 할 수 없는 일이었다. 천주교회 임원들하고 간부 신자들을 전부 모은 32명이 대전에서 첫 출발이 됐다. 그때 호준수 씨가 본당회장이었기 때문에 조합원을 규합하기 위해서 본당 신자들을 신용협동조합 조합원으로 모집했다. 호준수씨가 목동신용협동조합 이사장이었고 나는 부이사장이었다. 그 당시 우후죽순으로 대전 충남을 중심으로 전국에 신용협동조합이 탄생했다. 신용협동조합은 강제성이 없기에 일차적으로 조합원 교육을 해야 했다. 이 일도 조직화를 해야 조합원의 자금을 제대로 관리할 수 있는 일이었다. 내가 일선에 나가 교육하지 않으면 교육의 성과가 없었다. 나는 실질적으로 조합원을 관리하는 교육을 했고 교육도 서울로 보내고 했다.

나의 신분은 신용협동조합 이사 겸 충남대학교 교수였다. 본직인 교수에 충실해야 할 사람이 조합 운용에 전념해야 하는 상황에 처해 두 마리 토끼를 잡아야 한다는 것에 고민을 엄청나게 했다. 현직 교수 신분으로 동시에 신용협동조합 임원으로 활동을 할 것인지 아닌지 갈림길에서 고민을 많이 했다. 사람들이 나에게 두 가지 직업을 가졌다고 할 것이고 그렇게 말한다면 아니라고 할 수도 없었다. 아니라고 하면 내 변명이라고 했을 것이다. 실제로 서울대학교 때부터 공군 사관학교를 거쳐 충남대 교수에 이르기까지 나는 학문적으로 부족함을 느꼈다. 학문에 집중해야 살아남을 수 있는 시기였다.

게다가 신용협동조합 임원은 무보수였다. 지금은 그때와 달리 임원이 보수를 많이 받는다. 그러니 두 가지를 병행해서 생활한다는 것이 굉장히 감내하기 어렵고 심신이 힘든 과제로 부담이 됐다. 당시는 푼돈 모아 태산이 된다는 정신으로 신용협동조합을 운영해야 했는데, 경제적으로도 시간적으로도 힘에 부쳤다. 실제로 신용협동조합 활동을 하면서 충남대 교수를 하는 일은 정말 힘들었다. 거의 잠도 못 자고 심신이 고된 과정이었다. 아이들은 많이 낳았고 무보수로 활동하는 일이 과연 옳은 일인가 하는 고뇌가 컸다. 그러나 나는 의지가 강하고 부지런했던 것 같다. 낮에 충남대에서 강의를 마치고 저녁에 서울에 기차 타고 가서 교육하고, 밤 11시 차 타고 대전에 내려오곤 했다. 새벽 12시, 1시에 집에 오는 일이 계속됐다. 시간을 아껴서 생활하는 습관으로 낮잠을 자본 기억도 없다. 다른 사람들처럼 가족과 여유 있게 식사를 하고 여가 생활을 즐길 수도 없었다. 신용협동조합 일을 해나가는 일은 남다른 고충을 겪는 일이었고 힘이 필요했다. 그만큼 용기를 냈고 나는 열정이 있었다.

신협연합회 전국시도지부 회장 간담회

제31차 국제신용협동조합의 날(78. 10. 28)

신용협동조합 연합회 충남지부 제1차 정기총회(81. 2. 26)

제19차 신협지도자과정 강의(81. 4. 20)

제19차 신협지도자과정 연수(81. 4. 19_25)

청탁풍조 배격 범신협인 결의대회(81. 4. 25)

제37차 신용협동조합 지도자반 교육(84. 5. 28)

신협연합회 충남도지부 청사 준공식(82.5)

6. 신용협동조합연합회 회장 당선과 세계신협인대회 개최

점점 각 시도에 우후죽순으로 생긴 단위조합들을 교육시키고 조직화하고, 사고가 나면 수습하고 관리하는 대표 조직이 필요했다. 그래서 기존 단위조합마다 두 사람씩 대표를 뽑아서 충남 신협 지구평의회를 조직했다. 초창기부터 전국적으로 신용협동조합 연합회가 조직됐다. 나는 연합회의 대전 충남 대표가 됐고 나를 포함해 세 사람이 연합회에 소속됐다. 1969년 신용협동조합 충남지구평의회 간사장이 됐고, 1971년에는 한국신협연합회 이사가 됐다. 1973~75년 사이에는 대전중앙신용협동조합 이사장으로 근무했다. 동시에 1971~79년까지는 신협연합회 충남도지부 회장을 맡았다. 열정을 갖고 일하다 보니 1972~80년에는 신협연합회 부회장으로 활동했다. 부회장 임기는 2년이었다. 나는 부회장을 4회에 걸쳐서 8년 동안 했다. 부회장으로 있는 동안 신협 연수원을 대전 유성으로 유치했다. 그래서 신협중앙회가 지금도 대전에 있다. 마지막으로 1983년도에 투표로 한국 신용협동조합연합회 회장에 당선됐다. 1983~85년은 신협연합회 제18~19대 회장으로 활동한 시기다.

내가 연합회 회장으로 신협에 가장 기여한 것은 그 이전에 발생했던 여러 가지 금융사고를 수습하고 조직을 안정적인 기관으로 만들었다는 데 있다. 당시 115개에 달하는, 문제가 발생한 조합들을 모두 정리했다. 실제 정부에서는 신협 사고가 빈발하자 금융시스템에서 신협을 퇴출시키려고 했다. 나는 어떤 일이 있어도 그것만은 막으려고 전력을 다해 움직였다. 우선 신협 교육 제일주의를 표방해서 교육을 강도높게 실현해 나갔다. 끊임없이 신협 운용을 정상화하기 위한 자구적인 노력을 기울이자 결국 신협의 위상이 올라가고 중요 금융기관으로 자리잡게 됐다.

그 당시 아시아에는 세계신협협의회(WOCCU)와 같은 연합회가 없었다. 그래서 한국이 주도해서 아시아신협연합회(ACCU)를 결성하게 됐다. 각 회원국이 돌아가면서 회장을 맡기로 약속을 하고 아시아신협연합회 운영비도 각국이 자산비례로 해서 부담하기로 했다. 그런 역할을 한국이 중심이 돼서 했다. 당시 한국 신협연합회는 WOCCU와 ACCU 연합회에 아시아를 대표해서 주도적으로 참여하고 인도하는 역할을 했다.

내가 한국신협연합회 회장을 맡았을 때 세계신협인대회를 서울에서 개최했다. WOCCU가 뒷받침하고 주체는 한국신협연합회로, 신협인들 간의 상호 유대와 협조를 목적으로 열린 행사였다. 세계신협인대회를 미국도 아닌 해외에서 처음으로 개최한 나라가 바로 우리나라였다. 한국신협연합회 입장에서는 굉장히 중요한 행사를 치른 것이다.

1983년 6월 7일 서울 세종문화회관에서 대회 회장으로 세계신협인대회를 유치하고 대정기총회 및 기념식을 개최했다. 외국인 220여 명, 한국인 460여 명이 참여한 엄청나게 규모가 큰 대회였다. 텔레비전 방송과 신문에 인터뷰한 기사도 보도돼 세계신협인대회가 우리나라 신협 활동을 널리 알리는 계기가 됐다. 당시 리틀엔젤스가 절찬리에 공연했던 기억이 난다. 부부가 함께 온 내외 귀빈들과 리셉션에서 같이 담소하고 춤도 췄던 기억도 생생하다. 아내도 곱게 한복을 입고 세계신협인대회에서 내조를 했다. 신협중앙회 회장을 마치고 나서 신용협동조합진흥을 통해 국가산업발전에 이바지한 공로가 크다고 인정받았다. 2012년 12월 14일에 이명박 대통령이 수여하는 훈장을 받았다.

세계신협인대회 환영리셉션(83. 6. 5)

세계신협인대회 임원진 리셉션(83. 6. 5)

세계신협인대회, 회장내외분과 함께(83. 6. 5)

세계신협인대회 내외 귀빈들과 리셉션(83. 6. 5)

세계신협인대회 리셉션(83. 6. 5)

세계신협인대회 국제심포지엄 축사(83. 6. 7)

세계신협인대회 재무부장관 초청 환영 만찬 축사(83. 6. 7)

세계신협인대회 재무부장관 초청 환영 만찬(83. 6. 7)

4. 신용협동조합, 신앙을 바탕으로 경제를 일으키다　113

동아일보 5면 잠깐... 5분인터뷰 신용협동조합 연합회장 오덕균(83. 6. 6)

◇세계 신용협동조합협의회가 세계34개국 대표 2백명과 국내외회원 4천명이 참석한 가운데 7일 서울 세종문화회관에서 열렸다. 〈사진 朴鍾洙기자〉

조선일보 2면 34국 신협 총회 개막(83. 6. 8)

훈장

4. 신용협동조합, 신앙을 바탕으로 경제를 일으키다

훈장증(2012. 12. 14)

7. 신용협동조합연합회 회장직 사퇴

그런데 회장을 맡고 나서부터 고민이 시작됐다. 신용협동조합연합회 회장 하면서 하는 모든 일이 무보수였는데, 당시 나는 충남대학교 경상대 학장이었다. 본업인 학장도 상근해야 하고 연합회 회장도 상근회장으로서 역할을 수행해야 그 성과를 기대할 수 있었다. 신용협동조합 연합회는 서울 마포에 있었다. 체력과 시간을 양립하기가 너무나 어려웠다. 감내하기 어려웠지만 처음 2년은 무난하게 했다. 낮에는 학교를 나가고 오후 4시경 기차를 타고 서울로 출발해서 회의하면서 저녁을 간단히 먹고 대전에 밤 12시, 1시에 왔다. 그다음 해 임기 2년의 회장선거에 다시 입후보를 해야 했다. 워낙 행사가 많았고 벌여놓은 일을 마무리하기 위해서 한 번 더 임기를 채워야만 했다. 여러 가지 상황을 고민하다가 1985년에 재선에 당선됐다.

그런데 세계신협인대회를 준비하느라 무리를 했고 동시에 학교 학장일도 하느라 많이 힘들었다. 과로를 했고 그래서 병이 났다. 나는 일에 대한 욕심이 너무 많기도 했지만, 신앙인으로서 헌신하고 기여하는 것이 주님을 위한 것이라고 생각했다. 그래서 온 힘을 기울여 두 가지 역할을 해나갔다. 그런데 그해 85년 신협 회장에 재선되자마자 과로로 간염을 앓기 시작했다. 누가 봐도 얼굴색이 까맣고 피곤해 보였다. 결국 충남대병원에 열흘 정도 입원했다. 치료에 전념했고 상화가 미나리, 당근, 오이 즙을 매일 갈아주고 정성을 기울여 다행히도 병이 나았다.

그러던 중 국립대 총장을 직선제로 선출하는 제도적 장치가 마련됐다. 충남대학교 직선제 총장은 전국에서 최초로 시행되는 것이었고 뜻이 있는 교수 모두가 나갈 수 있는 제도였다. 나는 신용협동조합 회장도 맡고 있고 몸도 아프고 하니 다음에는 몰라도 이번에는 어려울 것 같았다. 그랬더니 총장이 나에게 학교 본직을 위해서 일을 해야 하지 않겠냐고 권고했다. 교수로서의 본질에 충실해야 한다는 말에 깨달음이 있었다. 본질에 충실하기로 해서 다가오는 총장선거에 출마하기로 결심했다. 내가 좋아하는 신용협동조합 연합회 일만 할 수는 없었다. 나는 여러 가지 상황을 고려해 2년 반 동안 했던 신용협동조합 연합회장직을 내려놓았다.

신협중앙회 창립 및 임시 대의원 총회(89. 9. 27)

신협전문대학과정 출석수업 강의(89. 12. 13)

제58차 신용협동조합 이사 교육(91. 3. 28)

제31차 한국 신협의 날 기념식 축사(91. 5. 1)

8. 가톨릭 꾸르실료 교육과 신협운동

　신용협동조합 운동을 본격적으로 펼친 1970년, 30대 중반에 나는 천주교 대전교구 평신도사도직단체협의회 3대 회장을 맡고 있었다. 천주교 대전교구청 백남익 디오니시오 신부님은 교구청 사목국장 사제였고 평신도 사도직이나 교구 사목을 관장하는 업무를 맡았다. 당시 대전교구 교구장인 황민성 베드로 주교님이 평신도 사도직 양성을 적극적으로 권장했다. "서울을 위시해서 전국적으로 꾸르실료 운동이 전개되고 있는데 대전교구만 잠잠합니다. 평신도들이 자발적으로 평신도 사도직을 해야 하는데 대전만 뒤지고 있습니다."라고 강조했다.

　평신도 지도자를 양성하기 위해 1970년 8월 6~9일, 백남익 지도신부님하고 나하고 김연권 대전대학 학장, 충남대학교 김병욱 철학과 교수 이렇게 네 사람이 수원교구 제1차 꾸르실료에 참석했다. 꾸르실료 교육을 받았을 때 나는 가톨릭 평신도 사도직의 진면목을 알 수 있게 됐다. 어떻게 교회에 헌신하고 하느님의 자녀로 살 수 있는지 배웠다. 3박 4일간 연수를 받고 3주 후인 1970년 8월 29일, 대전에서 제 1차 꾸르실료를 처음 시작하게 됐다. 네 사람이 대전에서 자체적으로 꾸르실료 운동을 할 수 있도록 교육을 주도적으로 지도했다. 프로그램 짜고 행사 주관하고 강사를 구하고 전부 준비해서 진행했다. 그것이 대전 꾸르실료 운동의 시작이었다. 그리고 대전에서 꾸르실료 5차까지 임원으로 참여했다. 꾸르실료를 받은 사람을 꾸르실리스타라 부른다. 지금까지도 나는 천주교 공동체 평신도이자 꾸르실리스타가 바탕이 돼서 결국 신협운동도 전개할 수 있었다고 생각한다.

　1971년 8월 후반 즈음, 이스라엘 연수를 마치고 서독에 들러 귀국하기 전 백남익 신부님과 로마에 갔다. 바티칸에서 교황 요한 바오로 6세를 알현했다. 나는 대전 평신도 사도직 회장을 맡고 있어 대전교구 사목국장인 백남익 신부님과 함께 대전교구의 사정을 알렸다. 교황님께서 사제 탄생이 어떤지 질문하시며 대전교구에 사제가 많이 나오고 신앙이 부흥하도록 힘써달라고 부탁하셨다. 교황 요한 바오로 6세는 온화하고 자상했다. 교황님을 만나고 백남익 신부님과 아씨시 프란치스코 수도원과 성녀 글라라 유적지 다미아노 수도원을 방문했다. 또 로마에서 1시간 반이나 차로 떨어진 스파게티집을 신부님과 같이 갔었다. 너무 유명한 집이어서 세계 각국인이 오는 곳이었고 차가 빡빡하게 늘어섰다. 진짜 맛있는 스파게티집이라 지금도 그 맛있었던 맛을 잊을 수 없다.

윤공희 빅토리노 주교님과 수원교구 제1차 꾸르실료 기념(70. 8. 9)

대전교구 제1차 꾸르실료 기념(70. 8. 29)

윤공희 빅토리노 주교님과 수원교구 제1차 꾸르실료 기념(70. 8. 9)

로마 바티칸, 백남익 디오니시오 신부님과 교황 요한 바오로 6세 알현(71. 8)

로마 바티칸(71. 8)

바티칸 성 베드로 대성당 광장에서(71. 8)

백남익 디오니시오 신부님과 아씨시 성 프란치스코 대성당 앞에서(71. 8)

아씨시 다미아노 수도원에서 백남익 디오니시오 신부님, 한국 수녀님들과 함께(71. 8)

4. 신용협동조합, 신앙을 바탕으로 경제를 일으키다

아씨시 유적지에서 한국 수녀님들과 함께(71. 8)

5
충남대학교 발전을 향한 일념과 정진

- 충남대학교 강사 시절
- 충남대학교 전임강사로 임용
- 충남대학교 경상대학과 경영대학원 발전
- 충남대학교 첫 직선제 총장 당선
- 일본 돗토리대학과 서성소학교 방문 일화
- 충남대학교 총장 재직 시 교류활동
- 충남대학교 발전기금과 김밥 할머니
- 충남대학교를 퇴임하고 엑스포기념재단 이사장으로

1. 충남대학교 강사 시절

공군사관학교 전역 후 학문적으로 부족함을 느꼈고 마음이 간절했다. 공부를 더 하려고 미국 UCLA, U.C 버클리에 장학금 신청을 했는데 다 떨어졌다. 다 안 되니 어쩔 수 없이 충남대학교에서 2년 반 정도 강사를 했다. 석사는 제도적으로 경력을 인정받았고 시간강사를 일주일에 10시간 하면 교수 경력으로 인정을 해줬다. 사실 공군사관학교에서 장기복무자를 희망하면 진급도 빨리 되고 안정된 대우를 받을 수 있었다. 그런데 나는 부모 형제가 대전에 살고 있고 진해가 너무 멀었다. 위관장교로서는 보수가 너무 적어서 가족을 건사할 수 없었다. 그래서 전역하기 전 당시 대전에 있는 충남대학교에서 교수가 가능한지, 공군사관학교의 교수부 경제학 교관 3년의 경력이 인정되는지 문의했다. 왜냐하면 현직 교수가 그 경력을 인정하면 당시에는 대학원 마친 사람이 거의 없었기 때문에 교수직이 가능했다. 중요한 것은 과 교수들이 만장일치로 합의가 되어야 교수가 될 수 있었다. 그런 장치를 믿고 충남대 교수진 중 두 사람에게 문의를 했다. 당시는 충남대학교 문리과대학 경상학과가 야간에 있었다. 그곳에 다섯 명의 교수가 있었다. 그런데 다섯 명 중 서울상대 출신이 한 명도 없었다. 그중 두 명은 찬성했는데, 나머지 세 명이 동의해 줄 거라는 말만 믿고 나는 공군사관학교에 전역신청을 했다.

상의한 교수한테 전역했다고 얘기하고 충남대학교 교수직으로 가겠다고 했다. 그랬더니 그분이 한 사람이라도 반대하면 안 된다고 잘 얘기해보라고 했다. 전역을 하고 대전으로 가서 고등학교 은사들도 뵙고 했다. 고등학교 선생님 하다가 대학교수가 되신 분들이 있었다. 당시 법경대학 학장이 고등학교 은사였다. 그런데 충남대학교 상과대학 교수진이 당장은 임용이 안 되고 일단 시간강사를 하라고 했다. 그래서 1962년 9월에 충남대학교 문리과대학 경상학과(야간)와 경상대학 경영학과(주간)로 첫 강사 생활을 시작했다. 문제는 시간강사에게 준 과목이 회계학, 경제지리같이 하나같이 내가 할 수 없는 어렵고 힘든 과목들이었다. 그래도 하라고 하니 안 할 수 없어 했는데 죽을 고생을 했다. 한 번도 듣지도 못하고 보지도 못한 과목을 강의하는 것이 너무나도 힘들었다. 전기도 잘 안 들어온 시절이라 호롱불 켜놓고 혼자 밤을 꼬박 새서 공부했다. 온갖 주변 사람들을 찾아가서 물어봐

가며 공부했다.

그런데 여건상 필히 교수가 되어야 하는데도 다섯 명 교수 중 두 명이 합의를 안 해줬다. 의도적으로 나를 못 들어오게 하려고 돌아가면서 반대했다. 다섯 명은 A대 1, B대 2, C대 1, D대 1, 이렇게 다섯 명이었다. 내가 젊고 공부도 열심히 하고 서울대학교 나왔기에 더 들어오지 못하게 하는 것도 있었던 것 같다. 본부에서는 발령을 내고 싶어도 전체 학과 교수의 합의가 없어 발령을 못 내고 있었다. 그래서 결과적으로 시간강사를 2년 반 정도 하는 동안 큰 고통을 받았다. 경제적으로도 어렵고 자리에 대한 불안도 있고 자꾸 새로운 경쟁자는 나타나고 해서 힘들었다. 내가 서울상대 출신만 아니면 벌써 됐을 것이었다.

충남대학교 교수 임용이 힘겨웠던 데에는 이처럼 서울대학교에 대한 질시가 크게 작용했지만, 한편으로 사적 감정으로 전임 임용을 방해한 상황에도 원인이 있었다. 당시 나는 시간강사를 하면서 전임강사가 된다는 전제하에 미래의 아내가 될 여대생 정상화를 만나고 있었는데 학교에서는 계속해서 교수 추진이 안됐다. 결혼은 미룰 수도 없고 전임은 안 돼서 몸이 달았다. 그런데도 두 교수가 계속 합의를 안 해줬다.

당시 합의를 안 해준 교수 중 한 어머니가 중앙시장에서 한복 포목장사를 했다. 미래의 장모님이 되는 분 옆에서 장사를 했다. 같이 포목장사를 시장에서 오래 해서 서로의 가정에 대해 너무나 잘 알았다. 교수의 어머니는 훗날 아내가 되는 상화를 자신의 며느리로 삼고 싶어 했다. 그런데 장모님이 응하지 않았다. 그쪽 집안의 속성을 잘 알기 때문이었고, 그 교수를 사위로 마음에 들어 하지 않았다. 그쪽 어머니도 장모님 집안 사정을 잘 알고 있었다. 나중에 아내도 그 교수 때문에 남편 임용이 어려웠다는 사실을 알게 됐다. 언젠가 그 일로 나에게 미안했었다고 다른 사람에게 얘기한 사실을 들었다. 나는 단 한 번도 상화에게 이 일로 곤경을 겪었다는 말을 하지 않았다.

충남대학교 문리과대학 경상학과 첫 강사 임용(62. 9)

2. 충남대학교 전임강사로 임용

내 나이 서른이 되기 전, 1963년 11월 20일 결혼 이후에도 나는 시간강사였다. 전임으로 임용되기 전까지 생계를 위해서 목동 수도원에 계셨던 박 루이스 신부님의 강론을 써주고 미군부대 한국인 노무자와 사병들 주일미사 영어강론을 한국어로 번역하기도 했다. 대전초급대학 강의도 몇 년 했다. 당시 충남대 교수 중 두 사람은 확실히 반대하고 셋 중 하나는 마음이 왔다 갔다 했다. 점차 내가 처한 상황이 학교에 알려져 소문이 파다했다. 이렇게 심하게 반대했지만 다른 과 교수들이 나를 동조하기 시작했고 반대하던 교수들의 행태도 알려졌다. 결국 그들도 교수 임명에 동의해 줄 수밖에 없게 됐다.

드디어 1965년 12월 1일, 나는 충남대학교 법경대학 경영학과 전임강사로 임용됐다. 임용되고 대학교수로 생활하면서 필사적으로 특강이나 외부 발표문을 더 잘하려고 노력했다. 경쟁적인 사항이나 부딪칠 일이 있을 때면 다른 교수들보다 내가 더 인정받을 수 있게 뭐든지 더 잘해내려고 노력했다. 그래서 결과적으로 오히려 인정을 받고 교수생활을 잘할 수 있었다. 그런 가운데 1967년, 충남대학교에 경영학과가 생겼다. 나는 경영학과 소속이 돼서 원래 전공한 과목 마케팅을 알리고 전공 책을 3권 냈다. 내가 쓴 〈현대마케팅론〉(1974), 〈마아케팅 원론〉(1979), 〈마아케팅 관리〉(1989) 책을 교재로 사용했다. 경제학 박사학위는 결혼한 이후 1974년 8월 24일에 단국대학교 대학원에서 받았다. 박사학위 논문 주제인 「농산물의 협동조합 마케팅에 관한 연구」는 8개월간 유학했던 이스라엘 협동조합조직과 운영관리 연구에 기초해서 썼다. 박사학위를 받는 날 많은 사람들이 축하해줬다. 목동성당에 1965~70년까지 계셨던 안 예로니모 수녀님, 1971~75년 소임한 박 실베스텔 수녀님과 친인척 가족들도 진심으로 축복해주었다. 그들의 축복 덕분에 나는 더 열심히 해야겠다고 마음먹었다.

그 뒤로 내가 충남대학에서 점차 발전하게 된 중요한 계기가 있었다. 나의 발전이 충남대학교 경영학과의 발전과 시간을 같이했다. 시작은 대학 재임용과정이었다. 그때 모든 교수가 전부 다 재임용을 받아야 하는 상황이었다. 재임용을 주관했던 총장이 역량 있는 교수들이 새로 들어오고 기존의 실력 없는 교수들이 20여 명이나 나가게 결단을 내렸다.

경영학과 소속 일부 초창기 교수도 결국 충남대학교에서 나가게 됐다. 공부를 많이 한 서울상대 출신 교수들이 새로 들어오면서 충남대 경상대학이 법학과에서 독립해서 비약적으로 발전하게 됐다. 충남대 경상대학은 그때부터 크게 발전하기 시작했고 경제학과도 새로 설립됐다. 나도 그 과정에서 경상대 교수가 되면서 본격적으로 뻗어나가기 시작했다.

충남대학교 전임강사 시절 교정에서(65. 12)

충남대학교 전임강사 시절(66. 봄)

박사학위 수여식(74. 8. 24)

단국대학교 대학원 경제학 박사학위 수여 기념(74. 8. 24)

박사학위 수여 후 수녀님의 꽃다발(74. 8. 24)

박사학위 수여식, 수녀님의 축하(74. 8. 24)

박사학위 축하식, 목동성당에 계셨던 안 예로니모 수녀님(왼쪽)과 박 실베스텔 수녀님(74. 8. 24)

박사학위 수여식, 가족과 함께(74. 8. 24)

박사학위 축하식, 어머니와 동생들(74. 8. 24)

박사학위 수여 축하식(74. 8. 24)

박사학위 축하식, 어머니와 장모님(74. 8. 24)

3. 충남대학교 경상대학과 경영대학원 발전

1965년 12월에 전임 교수가 되고 총장으로 선출된 89년 3월까지 약 24년 동안 나는 경상대학 경영학과 교수로 적극적인 활동을 펼쳤다. 충남대학교가 지역에서 살아남으려면 특색이 있어야 한다고 생각했다. 지역의 기업인, 자영업자, 상공인을 체계적으로 교육시키고, 또 기업의 예산과 결산을 연구 발표하고 취득하기 위한 경영대학원의 필요성을 절감했다. 그래서 충남대학교 경영대학원을 주도해서 만들었다. 1974년 11월부터 79년 2월까지 5~7대 경영대학원장을 맡았다. 경영대학원장을 내리 6년 했다. 바로 이어서 1979년 3월에 초대 경상대학장을 했다. 나는 경상대학장을 두 번 했다. 중간에 한번은 다른 사람이 학장을 맡았다. 1983년 1~8월에 미국 뉴욕대학교 경영대학원 교환교수로 갔다 오고 나서 다시 85년 3월에 4대 경상대학장을 맡았다. 원장을 하고 학장을 하는 동안 경상대학이 법경대학과 분리되서 독립된 단과대학이 됐고 학과가 늘어났다. 법과대학과 경상대학 두 단과대학이 자리를 잡았다. 원래 충남대학은 문과대학과 농과대학 위주로 운영을 했기에 경상계열은 존재감이 없었다. 학과도 없었던 경상계열이 경상대학으로 분리하고 대학원도 생긴 것이다. 위상이 많이 올라갔다.

나는 학교 발전을 지속적으로 모색하면서 경영대학원 안에 자체적으로 경영자 과정을 만들었다. 1기부터 교육을 했다. 1년에 두 번 6개월씩 교육을 해서 한 해 두 차례 수료생이 나왔다. 당시 호응이 컸고 인기가 있어서 경영자 과정은 학내에 나의 역량을 보여줄 수 있는 계기가 됐다. 당시 1~3기 경영대학원 원생으로 대전 시내 기관장부터 단체장들이 모두 수강했다. 그것이 직간접적으로 충남대학교를 돕게 되는 중요한 배경이 됐다. 아울러 나는 충남대학교 경상대학 교수로 있으면서 20여 년간 학생들 지도교수를 맡았다. 그때 재학생이 중심이 된 학술동아리 경영동우회를 창립했다. 경영동우회는 지금까지도 주기적으로 모임을 갖고 논문 발표도 하며 졸업 동문 상호 간에 발전할 수 있는 동인이 되고 있다.

학교가 발전하는 데 또 다른 도움이 된 것은 뜻밖에도 골프였다. 나는 1984년 경 처음 골프를 시작했다. 순수하게 운동을 목적으로 시작했다. 시작하고 나니 건강에도 도움이 되고 재미가 있어 열심히 했다. 홀인원을 세 번이나 했다. 사회의 다양한 사람들, 기관장들, 교수들, 신협인들, 친지들과 골프를 치면서 친화력을 도모할 수 있었던 것이 좋았다. 사회생활에도 도움이 됐다. 특히 경영대학원 최고위과정을 들었던 수강생들과 골프를 많이 쳤다. 친교를 도모하는 동시에 이들이 학교 발전에 기여를 많이 할 수 있도록 이끈 계기가 됐다. 학교 발전기금을 헌금하거나 건축물을 증축하는 데 보탠다든가 행사 참여 등에 기여했다. 골프 친 일이 결과적으로 학교 발전에 도움이 됐다.

경상대학이 발전하면서 경영학과와 경제학과를 분리해서 경제학과는 사회과학대학으로, 경영학과는 독립해서 경영대학으로 해야 한다는 주장이 대두됐고 이 일로 대내외 파문이 일었다. 나는 경제학과를 경상대학에 둬야 한다는 입장이었다. 왜냐하면 나의 뿌리가 경제학과이기도 했지만, 경제학과가 경상대학에 남아서 경영학과와의 취약한 학문적인 바탕을 서로 보완해야 한다고 생각했다. 결과적으로 경제학과는 경상대학에 남게 됐다. 내 주장이 관철됐다. 그런 걸 보면 나는 내가 원하는 것을 이루고자 하는 집념이 강한 사람인 것 같다.

충남대학교 5_7대 경영대학원장(74. 11_79. 2)

충남대학교 경상대학 현판식

충남대학교 경영대학원 해외 교수 초청 세미나(76. 5. 3)

제4회 전국경상대학장회 세미나및 총회(77. 봄)

제2회 경영자 세미나(78. 2. 17)

충남대학교 경영대학원 경영자과정 입학식(78.)

충남대학교 경영대학원 경영자과정 제15기 수료식(78.)

충남대학교 초대(79. 3), 4대(85. 3) 경상대학장

충남대학교 경상대학 현판식

미국 뉴욕 대학교 경영대학원 교환교수 시절(83. 12)

충남대학교 경영대학원 경영자과정 제45기 입학식(92. 3. 2)

충남대학교 경영대학원 경영자과정 제46기 입학식(92. 8. 27)

충남대학교 경영동우회 창립 50주년 기념 축사(2018. 5. 12)

4. 충남대학교 첫 직선제 총장 당선

　1987~88년 즈음, 국립대 총장을 직접선거로 선출하는 제도적 장치가 마련됐다. 1989년 2월, 충남대학교에서도 실제 직선제 총장선거가 실시됐다. 처음 직접선거 이야기를 들었을 때 나가고 싶은 마음은 있었으나 워낙 선배들이 많아 될 수 있을까 생각했다. 당시 대학의 환경과 여건은 열악하고 교수진 중 박사학위를 받은 사람이 많이 없었다. 고등학교 교원을 하다가 대학으로 옮겨온 교수들도 있었다. 신용협동조합을 개혁했듯이 충남대학교도 개혁이 필요하다고 생각했다.

　'충남대학교는 민주화가 되어야 한다' 라는 내가 만든 구호를 내걸고 선거 후보가 되기로 작심해 선거운동에 돌입했다. 막상 선거운동을 해보니 교수들의 속내를 알 수가 없었다. 그래서 지금까지 맡았던 경영대학원을 통해 지역사회에 충남대학을 알렸다. 대학의 국제화가 절실하다는 것을 인식시키는 데 주력했다. 교수들을 각각 개인적으로 만나 설득을 했다. 선거 한 달 전쯤 교수들 반응을 보니 어쩌면 될 수도 있을 것 같다는 것을 감지하기 시작했다. 많은 다양한 그룹을 만났고 외국에서 학위 받은 교수들도 집중적으로 만났다. 내가 찾아가기도 하고 시내에서 만나기도 하면서 운동을 했다. 어쩌면 이길 수도 있겠다는 생각이 들었다. 결국 과반수 득표로 충남대학교 총장으로 선출됐다. 한국에서 첫 직선제 대학 총장으로 당선된 것이다. 전국에서 정말 많은 관심을 가졌다.

　1989년 3월 27일에 취임식이 열렸다. 취임식에 충남대학교의 많은 관계자와 친인척이 축하해줬는데 어머니와 장모님이 특히 기뻐하셨던 것이 기억에 남는다. 아이들에게도 최선을 다한 자랑스러운 아버지의 모습을 보여주어 좋았다. 공군사관학교 시절 교수 선배이자 국무총리를 역임한 이현재 전 총리가 축사를 했다. 직선제 첫 총장이라는 명예는 소신을 갖고 활동하는 데 큰 동기부여가 됐다. 나는 교권을 바로 세우고 우수한 인재를 양성해서 충남대학교 위상을 제고하는 일에 매진했다. 학교를 발전시키겠다는 일에 대한 나의 집념은 공동체의 더 나은 삶을 위한 최선의 행동이었다.

충남대학교 총장 선거 직후(89. 2)

제11대 충남대학교 오덕균 총장 취임식(89. 3. 27)

총장 취임식 입장(89. 3. 27)

총장 취임식, 가족들(89. 3. 27)

제11대 충남대학교 총장 취임식(89. 3. 27)

제11대 총장 취임식, 이현재 전 총리 축사(89. 3. 27)

제11대 총장 취임식, 이현재 전 총리 축사(89. 3. 27)

충남대학교 제11대 총장 취임사(89. 3. 27)

충남대학교 총장 취임 후 신용협동조합 축하연(89. 5. 3)

동생 오의균 총장실 방문(91. 6. 26)

충남대학교 제11대 총장 오덕균 박사

5. 일본 돗토리대학과 서성소학교 방문 일화

총장으로 임명된 후 해외대학 자매결연을 적극적으로 추진했다. 첫 해외 학술 교류 활동으로 1990년 3월 일본 규슈대학 농학부를 방문했다. 규슈대학은 충남대학교 농학과와 연구 교류를 위해 갔다. 규슈대학은 일본 정부가 세운 제국대학으로 전통이 깊고 선진화된 농업기술을 갖고 있었다. 충남대학은 원래 농과대학이 중요한 역할을 했다. 또 1990년 4월에 일본 돗토리대학 농학부와 자매결연을 맺었다. 당시 충남대학교 교수들과 돗토리대학 학장을 만나 학술교류협정을 체결했다. 이 지역은 일본음식에 나오는 락교의 최대 생산지였다. 돗토리대학 연구소가 락교 연구와 생산을 주도했다.

돗토리대학에서 재미있는 일화가 있었다. 일본 학장과 두 시간 정도 대화를 하는 도중에 일본말이 갑자기 잘 나오기 시작했다. 어릴 때 일본에서 컸던 경험이 재생되는 신기한 느낌을 받았다. 그 환경에 가니까 저절로 나왔다. 일본 교수들이 깜짝 놀라면서 어떻게 그렇게 일본말을 잘하냐고 물었다. 그래서 "유년기에 일본에서 태어나 초등학교 1학년 마치고 한국에 와서 5학년까지 일본어를 배웠다"고 했더니 "그러면 그렇지, 연고가 있으니 다시 그렇게 말문이 트였다"고 놀라워했다. 협정을 마치고 돗토리대학 내 정갈한 인상을 주는 일본 사찰도 방문했다.

공식적인 일정을 마치고 오사카 세계꽃박람회장에 들렸다. 이후 상화와 함께 유년시절 살았던 아이치겐 니시오카이도 서성소학교를 방문했다. 그날이 마침 일요일이고 비가 왔다. 연락도 없이 무조건 찾아갔는데 젊은 남자 당직 선생님이 학교에 혼자 계셨다. 내가 이 학교를 다니다 전학 갔다고 하니 40년도 훨씬 넘은 증명서를 창고에 가서 한 시간 이상을 찾았다. 모르는 사람이 왔는데 귀찮아하지 않고 찾아 준 성실함에 감동받았고 그때 보여줬던 성의가 너무나 고마웠다. 교문 앞에서 기념으로 사진도 찍었다. 서성소학교 선생님이 1학년 때 다 같이 찍은 단체 사진을 한 장 찾아 주셨다. 나는 유년기부터 대학교 때까지 사진을 6.25 때 피난 가다가 동생이 다 잃어버려서 하나도 갖고 있지 않다. 일본 선생님이 찾아 준 사진이 단 하나 남은 어릴 때 사진이었다. 그런데 최근 여러 가지 일로 정신없어 귀한 이 사진을 분실했다. 그 유일한 사진을 이 사람 저 사람이 돌려 보다가 어디론가 없어진 것이다. 성실히 찾아주셨던 일본 선생님에게 너무나 미안하고 죄책감이 들었다. 서성소학교 방문 후 학교 옆에 있었던 어릴 때 살던 집을 찾아갔다. 수십 년이 지났는데도 그 집이 그대로 남아있어 놀랐고 옛 기억이 그대로 났다.

일본 돗토리대학 방문(90. 4. 5)

일본 돗토리대학 교류(90. 4. 5)

오사카 세계꽃박람회(90. 4. 6)

일본 돗토리대학 사찰 앞에서 관계자들과(90. 4. 5)

일본 니시오카이도 서성소학교 정문(90. 4. 7)

일본 니시오카이도 서성소학교 근처 어린 시절 살던 집 골목(90. 4. 7)

6. 충남대학교 총장 재임 시 교류 활동

나는 총장이 되고 나서 해외학자들을 많이 초빙하려고 노력했다. 해외 기술과 자본을 활용할 수 있는 학술교류도 지속적으로 해냈다. 가장 기억나는 활동은 1989년 7월에 서독 경제협력처(GTZ), 칼스루에(Karlsruhe) 대학과 학술교류를 협의한 일이다. 이 프로젝트는 주로 공과대학 교수에게 필요한 자재와 실험기구를 확보했고 그 구입자금도 제공해주었다. 특히 군복 같은 데 쓰이는 방탄섬유 개발에 독일 측 지원을 받았다. 기존 충남대학교 교수들도 매년 독일에 5명씩 3~4년간 초청받아 독일 대학을 견학하고 연수를 받을 수 있었다. 성공적인 교류 성과로 독일에서 특별히 나와 부인을 초청했다. 1990년 7월, 칼스루에 대학을 방문한 후 프라이부르크 도시와 흑림인 블랙 포레스트도 가보았다. 올 때 상화와 함께 스위스에 들러 알프스 산 융프라우도 보러갔다. 상화가 이곳에 계속 있고 싶다고 할 만큼 산이 아름다웠다. 1990년 9월에는 독일 도르트문트대학교와도 국제학술교류협정을 조인했다. 1992년 12월, 마침내 충남대에 대한 독일원조사업(CNU-GTZ) 인수식 프로젝트가 성공적으로 마무리됐다. 전임 총장 때부터 진행되었던 사업을 내가 완결시켰다.

총장 재임 시 선화동 집을 떠나 충남대병원 뒤편에 있는 총장 공관에서 지냈다. 잔디가 앞마당에 넓게 펼쳐진 이층 양옥집이었다. 1990년 9월에 충남대학교 교수들과 한국에 온 독일 연수생들, 그리고 독일에 관련된 관계자들을 초대한 교류 활동을 공관 앞마당에서 열었다. 대표적인 사례가 독일 측 의견으로 독일 건축가가 충남대학교에 파견됐었고 충남대 교수들 7~8명도 독일 대학으로 파견 가서 수련했다. 독일 대학 교수들이 충남대학교 교수가 부족할 때 인건비를 지원해주었다. 그래서 국제간의 약속이고 학교 입장에서 고마운 일이라 독일 대학 관계자들을 초청해서 공관에서 리셉션을 열게 됐다. 이 일은 독일과 약속한 것을 학교 측이 그전에 지키지 못해 총장으로 재임 시 관계를 원만하게 재설정한 중요한 만남이었다.

1991년 2월, 국립대학교 총장 8~9명이 미국 대학을 방문했다. MIT, 카네기멜론대학, 스탠포드대학 등 세계 최고 대학을 가서 미국 대학 교육 시스템을 눈으로 직접 확인했다. 가서 보니 미국 대학은 학교에 투자를 아낌없이 해서 우수한 인재를 양성하는 것이었다. 우수한 학생을 양성하는 방식이 획일적이지 않고 다양한 면을 참작해서 학생들을 키우는 점이 인상적이었다. 갔다 와서 교원들에게 귀국보고회를 하고 필요한 내용을 취할 수 있도록 했다.

1991년도 7월에는 호주 아들레이드(Adelaide)대학과 자매결연 협정을 맺고 중국 연변 농학원과도 학술교류협정을 조인했다. 이때 백두산도 가봤다. 또 1991년 9월에 대만대학에서 학술교류를 촉진하기 위해 우리 부부를 초청했다. 교류활동도 의미가 있었지만 우리를 중국식으로 의식을 갖춰 환영회를 해주고 숙식을 환대해 준 것이 기억에 남는다. 차 타고 오는데 대만대학에서 공항까지 펼쳐진 가로수가 너무나 멋졌다. 당시 충남대학교는 유성으로 이전한 지 얼마 안 돼 그런 가로수가 없었다. 나는 충남대학교도 나무를 심으면 좋겠다고 생각해 학교 정문 앞 양쪽 길에 메타세쿼이아 나무를 심었다. 일부 없어지기도 했지만 남아있는 메타세쿼이아 나무는 30년이라는 세월을 버티며 현재 우람한 대학으로 가로수로 자리 잡았다.

이렇게 나는 충남대학교 발전에 필요하다고 생각되는 대학들과 학술교류 활동을 넓히고 대학의 국제지표와 국내지표를 높이려고 했다. 그러자 다른 대학에서 충남대학교를 오고자 하는 교수들도 점점 많아졌다. 특히 해외에서 학위를 받은 학자들이 충남대학교에 오고 싶어 했고 학교에서도 많이 채용했다. 아울러 겸임교수제도를 신설해 대전에 과학연구단지 연구기관의 학자들이 충남대학교 교수로 겸임교수를 할 수 있는 발판을 마련했다. 교수들도 연구소를 가서 연구시설을 활용하고 합작 프로젝트를 진행할 수 있도록 제도적인 마련도 이루었다. 이 일은 충남대학교가 효시가 돼서 전국 대학에 영향력을 미쳤다. 재임 기간에 이런 과제들을 염두에 두고 임했고 연구 역량을 재고하는 데 기여를 많이 했다고 자부한다.

교류 활동을 적극적으로 추진하고 나니 취임 당시 4개에 지나지 않던 자매학교가 7개국 20개 대학으로 확대됐다. 대학의 세계화로 충남대학교 위상을 높이는 중요한 교류 활동이었다. 나는 총장으로 있으면서 시설 확충과 후생복지 개선도 이루었지만, 보다 근본적으로 대학의 질을 높이는 데 기여했다고 생각한다.

독일 칼스루에 대학 방문 후 스위스 알프스 융프라우(90. 7. 20)

독일 칼스루에 대학 방문 후 스위스 알프스 융프라우(90. 7. 20)

독일 대학 관계자들과 충남대학교 총장 공관에서 리셉션(90. 9. 5)

독일 대학 관계자들과 충남대학교 총장 공관에서 리셉션(90. 9. 5)

충남대학교와 도르트문트대학 학술협정 조인식(90. 9. 7)

독일 도르트문트대학 관계자들과 리셉션(90. 9. 7)

5. 충남대학교 발전을 향한 일념과 정진

독일원조사업GTZ 인수식 완결 기념사(92. 12. 4)

국립대학 총장 미국대학 시찰(91. 2. 중순)

미국대학 시찰 중(91. 2. 중순)

미국대학 시찰(91. 2. 14)

미국대학 방문과 교류활동(91. 2. 14)

대만대학 학술교류 방문(91. 9. 7)

7. 충남대학교 발전기금과 김밥 할머니

대학은 원래 기금이 부족해서 재정이 열악하다. 나는 전국 최초로 대학발전을 위한 기금을 조성했다. 맨 처음 1990년 2월 9일에 대학발전기금조성을 위해 대전지역 설명회를 열었다. 2월 27일에는 서울 세종문화회관에서도 대학발전기금조성을 위한 서울지역 설명회를 열었다. 연달아 한 달 뒤 3월 30일에 충남대학교 장기발전계획(1992~2001) 수립을 위한 공청회를 열었다. 각지에서 대학발전기금조성을 위한 활동이 활발했다. 교수음악회도 리베라호텔에서 있었고 6월에는 동문 서예가 초대전도 대전문화원에서 열렸다. 나를 위시해 모든 학내 교수와 직원들이 합심해서 충남대학교 발전을 위해 뛰었다. 1992년 2월에는 국립대총장협의회 학술세미나에서 논문제목 「대학의 재정위기 어떻게 극복할 것인가?」를 발표하면서 미래 대학을 내다보고 재정에 대한 인식이 중요함을 알리기도 했다.

그렇게 학교 발전을 위한 기금모집을 여기저기 설파하고 뛰어다니자 성과가 나타나기 시작했다. 우선 대기업에서 충남대학교 발전기금 조성에 큰 역할을 했다. 1990년 8월 28일에 선경그룹 최종현 회장이 임야 304만평을 충남대학교에 기증해 임업연구소를 세우는 데 큰 도움을 주셨다. 진정 충남대학교 발전에 큰 공을 세우셨다. 1992년 2월에도 한국화약그룹과 동아그룹이 산·학협동협약을 체결해 학교 발전에 기여했다. 가장 화제가 됐던 대전지역의 대표적인 사례는 김밥 할머니 이복순 씨의 기부이다. 김밥 할머니 법명이 정심화다. 그분이 기부한 땅 가치가 47억이나 됐다. 그 기금으로 1990년에 정심화 국제문화회관 건립이 시도됐다. 그 뒤 우여곡절이 많았지만 1992년 8월 4일에 정심화 국제회관 기공식을 착수하고 2000년에 정심화 문화회관이 완공됐다. 문화회관으로 국내외 학술대회나 학내 행사, 음악회 등을 원활히 치룰 수 있는 초석을 마련했다. 그밖에도 경영대학원, 행정대학원, 산업대학원 원생들과 졸업생들이 큰 호응을 해서 충남대학교 발전기금을 조성했다. 동문들의 도움으로 충남대학교 장학회도 만들고 시설도 보완하고 재학생들에게 큰 도움을 주었다. 참으로 감사한 일이었다.

돌이켜보니 정말 학교를 위해 많은 일을 해냈다. 특히 학교 정문 앞에 지하차도를 건설한 것은 불가능한 일을 해낸 것이나 다름없었다. 처음 충남대학교가 궁동으로 이전했을 당시 학교 앞 한밭대로 지하차도화는 건설계획에서 빠져있었다. 나는 경제기획원과 건설부, 대전시를 뛰어다니며 지하차도화 사업을 관철시켰다. 대전시의 적극적인 협조가 큰 역할을 했다. 차가 많이 다니는 정문 바로 앞에 지하차도가 없었다면 얼마나 복잡했을까 지금도 생각하면 아찔하다. 이 모든 일은 충남대학교를 명문으로 키우겠다는 일념으로 뛴 결과였다.

　퇴임 후 학교를 나온 뒤에도 충남대학교 발전기금이 학교 발전에 실질적인 역할을 했다. 총 신립액이 163억원에 달했다. 지역사회에 사랑받는 대학으로 만들겠다는 나의 신념이 열매 맺은 것을 확인할 수 있었다. 충남대학교의 위상을 높인 것이다. 돌아봤을 때 교수의 역할이 연구실에 파묻힌 교수, 밖에서 뛰는 교수 두 유형이 있다고 할 때, 나는 뛰는 교수에 속했다. 신중히 고려한 후 판단이 서면 이리 뛰고 저리 뛰며 일을 성사시키려 노력했다. 혼신의 힘을 다했다. 충남대 총장을 마치고 1993년 8월 31일자로 김영삼 대통령이 수여하는 국민훈장 모란장을 받았다.

대학발전기금조성을 위한 대전지역 설명회(90. 2. 9)

대학발전기금조성을 위한 서울 설명회, 세종문화회관(90. 2. 27)

충남대학교 장기발전계획(1992-2001) 수립을 위한 공청회(90. 3. 30)

선경그룹 최종현 회장 임야 304만 평 기증(90. 8. 28)

재단법인 충남대학교 정심화 장학회 창립총회(90. 11. 28)

정심화, 이복순 김밥 할머니 장학재단 설립(90. 11. 28)

한국화약그룹-충남대학교 산학협동 협력체결(92. 2. 14)

동아그룹-충남대학교 산학협동 협력체결(92. 2. 17)

정심화 국제회관 기공식(92. 8. 4)

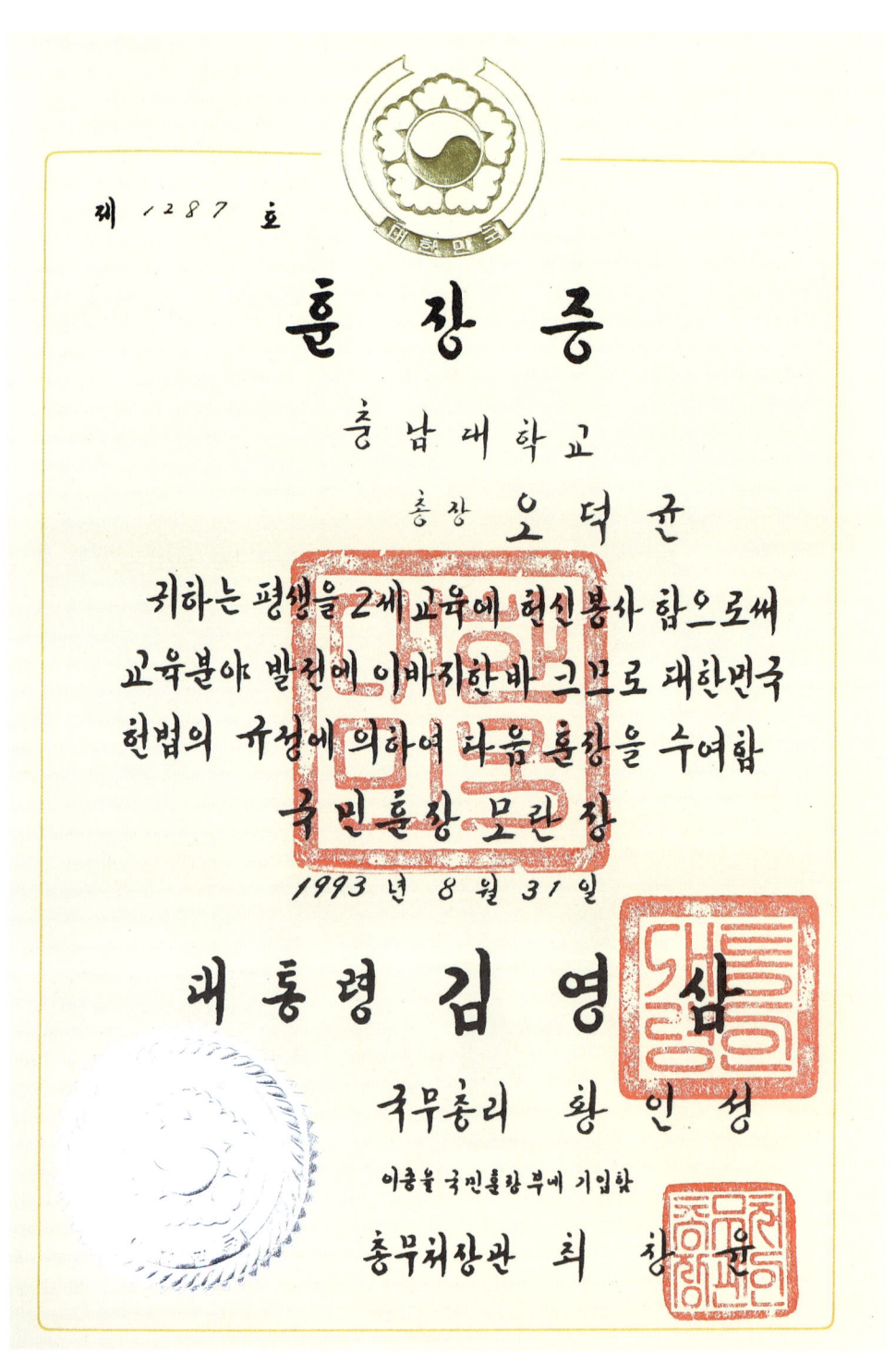

국민훈장 모란장(93. 8. 31)

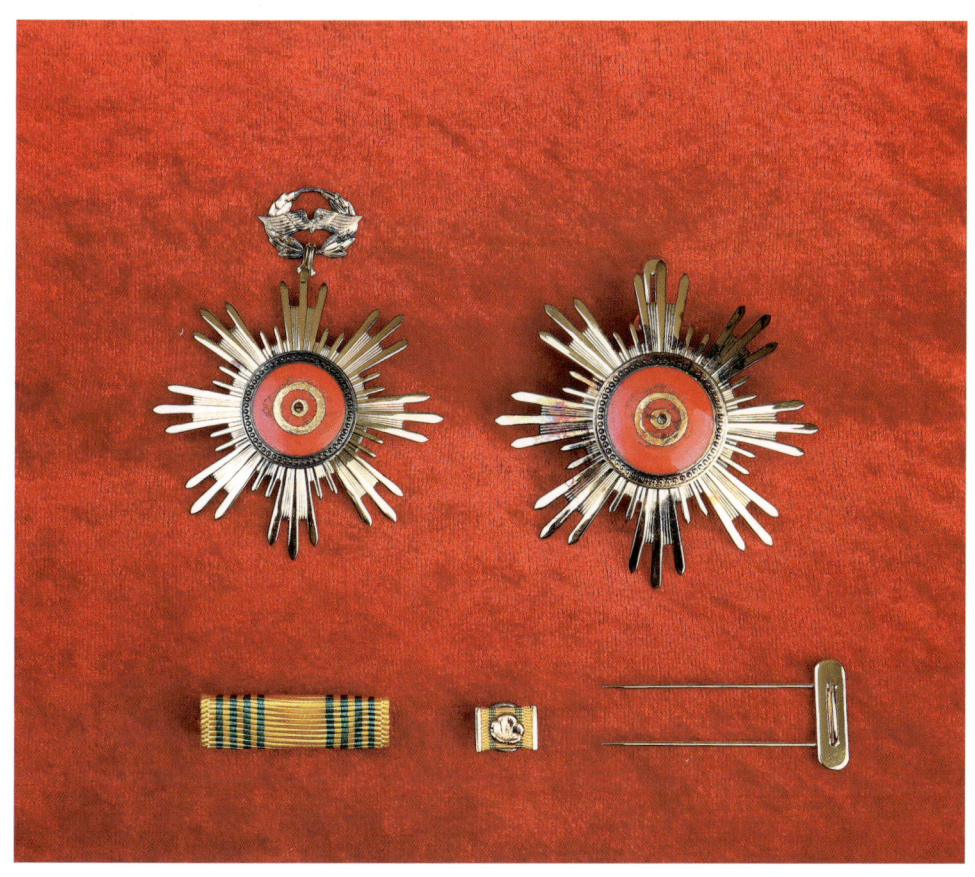

국민훈장 모란장

8. 충남대학교를 퇴임하고 엑스포기념재단 이사장으로

나는 총장 재임 4년간 충남대학교 발전을 위해 의욕적으로 일을 많이 했다. 열과 성의를 다했기 때문에 교수들이 나의 열정과 업적을 인정한다면 무난히 총장 재선에 될 수 있으리라 생각했는데 그렇지 않았다. 당시에 충남대 출신 총장을 선출하려는 움직임도 컸다. 돌이켜보면 교수들의 투표 하나하나가 중요한 직선제 총장 선거에서 재선이 안 된 데에는 여러 가지 이유가 있었다.

가장 기억나는 것은 학내 분규에 관련된 사건이었다. 1980년대 후반에서 90년대 초는 학생 데모가 심각한 시절이었고 시험 보이콧이 일상화되어 있었다. 학생들은 답안지를 안 쓰고 백지를 내는 것으로 그들의 주장을 관철하고 있었다. 충남대학에는 12개 학장, 5개 대학원장이 학무위원으로 있었다. 학생들이 시험을 보지 않자 학무위원들이 격론을 벌였다. 당시 시험대신 리포트를 내게 하자는 의견과 시험을 백지로 내는 것이 대학의 퇴행적인 행동이라고 보는 학무위원으로 나뉘어 있었다. 학무위원들끼리 난상토론을 벌였다. 나는 학력저하를 불러오는 시험 거부 행동을 용납하지 않았다. 시험을 보지 않은 학생은 절대 학점을 받을 수 없다는 것이 나의 기조였다. 그런데 결과적으로 시험 안 본 학생들이 리포트로 제출하는 것을 동조하는 위원이 더 많았고 전체적으로도 리포트 제출을 지지하는 교수들이 다수였다.

충남대학교가 이 일을 어떻게 처리할 것인지 전국에서 초미의 관심사가 되었다. 총장에게 위임했는데 나는 위임권한을 행사해서 시험 안 본 학생들은 F학점을 주기로 했다. 학교가 많이 시끄러웠다. 나는 이것을 발전을 위한 진통이고 과정이라고 생각했다. 이 진통을 겪어야 학교가 나아진다고 확고히 믿었다. 교육부장관에게 시험을 보지 않고 학점을 따는 대학은 대학이 아니라고 전했다. 그런데 이 일이 다음 총장 선거에는 득이 되지 않았다.

이 밖에도 신규 및 보직인사에서 교수들과 견해차가 있어 지지를 두루 얻지 못한 데에도 원인이 있었다. 인사문제에서 공정성은 나의 신념이었는데, 내가 옳다고 생각하고 실행한 일이 오히려 나에게 해가 되기도 했다. 그러나 나는 학교 발전을 위해서 지금 손해를 보더라도 결국 무엇이 옳았는지 훗날 평가받을 것이라 생각했다.

1993년 3월 2일에 총장 퇴임식을 하고 충남대학교를 나오게 됐다. 그때 교수로 더 재임할 수 있었는데 선거의 영향으로 학교를 떠나게 됐다. 그래서 대전 한밭대학교 전신인 대전산업대학교에 석좌교수로 가게 됐다. 약 2년간 석좌교수로 있으면서 주로 특강 위주로 강의를 했다.

제11대 총장 퇴임식 입장(93. 3. 20)

총장 퇴임식(93. 3. 20)

총장 퇴임사(93. 3. 20)

총장 퇴임식 후(93. 3. 20)

총장 퇴임 리셉션(93. 3. 20)

총장 퇴임식 후 학교를 떠나며(93. 3. 20)

석좌교수를 마치고 대전 엑스포기념재단 이사장으로 가게 됐다. 기억나는 것은 1995년 9월 24일 엑스포 과학소년단을 창단했고 11월에 엑스포 과학소년단 소식지를 창간한 일이다. 과학에 관심 있는 청소년들이 활동할 수 있는 작은 장을 마련했다. 그리고 우즈베키스탄과 카자흐스탄에 한글학교를 세워 한글을 가르치며 한국의 존재와 위상을 알렸다. 그리고 1년에 두 번씩 카자흐스탄, 우즈베키스탄에 있는 독립항일투사 후예들을 한국에 불러서 고국을 알리고 한글을 가르쳤다. 특히 한국교포 고려인들과 만남을 가져 한국을 강하게 인식시켰다. 1996년 4월 28일, 아내와 타슈켄트 한국교육원인 한글학교를 방문해 뜻깊은 시간을 갖기도 했다. 이들은 공항에서도 상화와 나를 열렬히 환영했다. 진한 동포애와 감동을 느꼈다. 같은 해 8월 초에는 중국, 우즈베키스탄, 카자흐스탄 해외교포 학생들을 초대해서 한국 문화를 배울 시간을 마련하기도 했다.

그밖에도 대전 엑스포기념재단 이사장으로 있으면서 해양소년단도 만들었는데 이들은 주로 국내에서 과학활동을 했다. 엑스포에 있는 시설을 활용해서 활동했다. 엑스포기념재단 이사장은 그 많은 시설을 관리해야 하고 인적 물적 관리를 해야 해서 바쁘긴 했다. 3년간 맡아서 했다. 대전 엑스포기념재단 이사장으로서 사회적인 공헌과 기여도 많았겠지만, 그보다는 보람이 더 컸던 의미 있는 시간이었다.

타슈켄트 공항에서(96. 4. 27)

타슈켄트 한국교육원 한글학교 방문(96. 4. 28)

제2기 엑스포과학소년단 활동(96. 6. 8)

엑스포재단이사장, 제2회 해외교포학생 초청 만찬 축하인사(96. 8. 4)

엑스포재단이사장, 제2회 해외교포학생 초청인사(96. 8. 4)

엑스포재단이사장, 제2회 해외교포학생 초청(96. 8. 4)

6

삶을 돌아보며

- 아버지와 어머니를 보내드리고
- 상화가 내 곁을 떠나다
- 우리성서모임, 성경공부
- 내 주변의 사라지는 것들
- 삶을 돌아보며

1. 아버지와 어머니를 보내드리고

아버지 오희성은 1970년 3월에 돌아가셨다. 뇌출혈로 3개월가량 자리보전하고 세상을 떴다. 돌아가시기 전 마지막 말이 세 살 된 셋째가 우니까 "엠마 울리지 마라"였다. 왜냐하면 아버지가 지희가 울 때마다 많이 업어주고 안아줬기에 마치 본인이 해야 할 일을 못 하고 있다는 듯한 말씀이었다. 아버지는 원래 성품이 착하고 어질었다. 사람들에게 신뢰를 얻었고 부지런한 아버지였다. 4형제를 낳고 열심히 키웠다. 그런 반면 우유부단하고 무학이라 남의 꾐에 잘 빠졌다. 마음은 있었어도 나를 비롯한 형제들에게 학문이나 지식, 과학과 같은 지적인 영역은 하나도 전수하지 못했다. 그런 점에서는 아쉬움이 있었다. 그러나 나의 마음에 아버지는 한마디로 착하고 성실한 사람이다. 가톨릭 신앙으로 세례를 받은 후 하루도 빠지지 않고 성당에 가서 미사를 보고 온 사람이 아버지다. 손녀딸이 많아졌을 때도 매일 아이들 봐주고 데리고 다닐 정도로 따뜻한 아버지였다.

어머니 박월섬은 2004년 4월 10일, 96세에 돌아가셨다. 아버지 없이 혼자 35년가량 더 사셨다. 아버지와 어머니 나이 차이도 있었지만 장수하시며 온 집안을 이끄셨다. 어머니는 참 강인한 분이셨다. 자신이 이루지 못한 학구열로 자식들만이라도 잘 키워야 한다는 열의에 온몸을 바쳐 살았다. 일본에 건너가서도 바닥에서부터 부를 일구었고 한국에 와서도 혼신의 노력을 기울여 집안을 일으켰다. 어머니는 내가 초중고 때 공부를 잘했다는 것에 만족하셨다. 어려운 환경에서도 우리나라 최고 대학이라는 서울대학교에 가게 된 데에는 사실 어머니의 의견도 있었다. 구십 넘어서 당뇨는 있었지만 특별한 병이 있지 않았다. 대신 다리 관절염이 심해서 잘 못 걸으셨고 온몸이 편찮으셨다. 그래도 끝까지 강인한 인내심으로 버티고 사셨다.

그런데 하필 돌아가시기 직전 상황이 며느리도 중병에 걸려 입원해 있을 때였다. 상화는 충남대병원에 입원해 있었고 어머니는 요양병원에 있었다. 어머니가 자꾸 물으셨다. "왜 에미가 안 오느냐?" 보고 싶다고 하셨다. 어머니가 며느리 생각도 많이 하고 많이 사랑했다. 그런데 상화가 병이 깊어 어머니를 찾아뵐 수 없었다. 얼마나 병이 깊었으면 어머니를 보러 오지 못하느냐고 한탄하셨다. 어머니가 마지막으로 "에미한테 감사하다고 전해 달라"고 했다. 며느리가 병이 중하다는 것을 알고 본인이 며느리보다 먼저 가야 한다고 마지막에 스스로 곡기를 끊으셨다. 원래 식성이 좋으셨던 어머니였다. 며느리가 어머니를 와서 볼 형편이 아니라는 것을 나에게서 듣고 그렇게 하셨다. "내가 먼저 가야지, 내가 가야지" 하고 결심을 하셨다. 희한하게도 그때부터 살에 영양제 주사 바늘을 꽂아도 주사가 안 꽂혔다. 주사바늘 안 꽂고 버티다가 가셨다. 마지막 임종은 바로 아래 동생 용균 부부가 지켰다. 상화도 며느리가 어머니보다 앞서면 안 된다고 간신히 버티고 있었다. 어머니가 임종하셨다는 소식을 듣고는 이제 가도 된다고 안도했는지 급속도로 상태가 안 좋아졌다. 성환 천주교공원묘원에 어머니를 묻었다. 어머니가 돌아가시고 열흘 뒤 상화가 눈을 감았다.

아버지 오희성 장지에서(70. 3)

고인이 된 아버지를 위한 기도(70. 3)

정상화와 어머니 박월섬, 생신잔치(85. 5)

가족들과 어머니 박월섬 생신잔치(85. 5)

2. 상화가 내 곁을 떠나다

아내 상화는 정직하고 청순한 사람이었다. 나는 이런 사람을 좋아했다. 단아하고 절제된 품위를 지닌 여성이었지만, 사실 대전여고 문과 2등 졸업생에 학도호국단 대대장도 했던 본디 씩씩하고 지적인 사람이었다. 결혼하고 나서 보니 교육열이 높은 편이었고 그 어려운 클래식음악을 자식들에게 각각 교육시킨 열정이 많은 엄마였다. 자산도 없는 교수 형편에 자식들에게 음악교육을 시킨다는 것은 당시에도 지금도 놀라운 일이다. 그렇지만 나는 아내가 하는 일이기에 진심으로 즐겁게 했다. 아내가 자식 음악교육에 열의를 가진 일에 한 번도 불만을 갖거나 뭐라 하지 않았다. 나는 특별히 목적이 있어 클래식음악 교육을 시키지 않았다. 그저 아내 따라서 적극적으로 지원했고 아내가 좋아하니까 나도 좋아했다.

상화는 학술적인 영역에 크게 관심을 갖지 않았던 것 같다. 오히려 예능이나 예술을 좋아했다는 것을 나중에 알았다. 어느 날 상화가 그림을 그리기 시작했다. 접시에 딸기 세 개가 놓여있는 첫 딸기 그림을 집에 갖고 왔을 때 내가 그랬다. "이거 첫 작품이니까 내 거다." 그랬더니 상화가 웃으면서 "가지세요!" 하고 말했다. 그래서 총장실과 응접실에 늘 갖고 있었다. 상화는 남편이 총장으로 있는 동안 오히려 내면으로 조용히 파고들어 가 그림 그리는 일에 열중했다. 원래 한번 마음에 들거나 좋은 것은 끝까지 좋게 생각했다. 91년 말부터 10년 넘게 꽃 그림 그리기를 해내며 전시회를 두 번이나 했다. 1차 꽃그림전시회는 99년 11월 21일 유성 옛 홍인관광호텔 지하 전시실에서, 2차 꽃그림전시회는 2003년 9월 23일 대전 중구문화원에서 있었다. 나는 전시회를 가서 보고 정말 좋았다. '이런 재주도 있구나' 하고 놀랐다. 나는 상화가 예술에 이렇게 재능을 가졌는지 미처 몰랐다. 이화여자대학교 영문학도였는데 전공을 잘못 택했다고 생각했다. 음악이나 미술을 학교 다닐 때부터 전공했으면 상당한 경지를 이루었으리라 생각한다. 상화는 어릴 때 다른 집 피아노를 물끄러미 바라보고 돌아왔다고 한다. 종이에 건반을 그려 치기도 했다고 한다. 그래서 자식 음악교육에 더 열의를 가졌던 것 같다.

상화는 신심이 깊었다. 1963년에 나와 결혼하면서 가톨릭 신앙을 받아들여 세례를 받았고 모든 일을 신앙으로 받아들였다. 세례 받고 2년 뒤인 8월 15일, 목동성당에서 견진성사도 받았다. 매사에 신앙심을 갖고 참여했고 성직자에 대한 존경심도 바탕에 깔려있었다. 스페인에서 오신 배 요셉(J. M. Beitia, 배의태, 1940~) 신부님은 목동성당 16대 주임신부님으로 1971년 10월부터 77년 1월까지 계셨다. 이때 상화도 신부님의 사목활동에 적극적으로 참여했다. 배 요셉 신부님이 1973년 8월에 여성 울뜨레야를 처음 조직했는데 그 단체 초대 회장이 바로 정상화 글라라였다. 애타심이 커서 가톨릭 대전교구 여성연합회 임원과 같이 주어진 일을 열심히 해냈다. 진정 타인을 배려할 줄 아는 참신앙을 가진 사람이었다. 남을 배려한 일은 셀 수도 없이 많았다. 홀트아동복지회 충청후원회 임원으로도 봉사하며 늘 기쁜 마음으로 다녔다. 그래서 내가 "당신은 사랑의 전도사야"라고 별명을 붙여줬다. 무한히 사랑을 베풀고 갔다. 그래서 자식들도 엄마를 사랑했지만 동생들과 제수씨들도 상화를 무척 좋아했다.

밴쿠버와 캘거리, 버넌에 세 명의 동생들이 살고 있어 나는 상화와 자주 캐나다를 왔다 갔다 했다. 상화는 집에 있을 때는 어머니를 모시고 아이들도 많고 내 일을 챙길 일도 많았다. 어떤 때는 아토피같이 피부병이 생기기도 하고 매일 온갖 할 일이 많았다. 그런데 캐나다만 가면 피부병도 낫고 너무나 즐거워했다. 여름에 기후가 쾌적한 캐나다는 나도 좋았지만 상화는 더 만족감이 컸던 것 같다. 큰형인 나와 형수를 언제나 세 동생인 용균, 창균, 의균과 부인들은 지극히 존중하고 환대해줬다. 동생들과 제수씨들에게 고맙다. 지금은 세 동생 모두 세상을 떠났고 이제 그 시절도 다시는 돌아오지 않는다. 그러나 친절한 동생부부들이 있었고 자연이 아름다운 캐나다에는 상화와의 추억이 많다.

2003년 가을부터 상화가 발이 아프기 시작했다. 발바닥부터 발목, 종아리가 아파서 잘 못 걸었다. 그때까지 상화가 크게 아파 본 일이 없어서 나는 아내가 그렇게 위중한지 몰랐다. 12월 25일에 상화가 갑자기 배가 많이 아팠다. 크리스마스 휴일이어서 여기저기 병원에 연락하다가 대전 둔산에 있는 한 내과 병원에 가서 주사를 맞았다. 의사가 "이건 임시방편이니 큰 병원에 가셔야 합니다" 했다. 그때 나는 비로소 정신이 확 들었다. 충남대병원 응급실로 가서 진료를 했더니 간에 이상이 있다고 했다. 상태가 위중해서 전국에서 가장 간이식에 성공한 의사가 있다는 서울 아산병원으로 다시 갔다. 처음에는 의사가 간암이라고 했다. 그런데 입원해서 나온 결과가 담도암이었다. 이미 담도암 말기였다. 그래서 병원에서 큰처남 창수, 정형외과 의사인 준화와 가족회의를 했다. 의사가 할 게 없다고 손을 댈 수가 없다고 퇴원하라고 했다. 일단 대전 집으로 왔다. 상화가 활원을 하고 싶다고 해서 집으로 활원 선생님이 오셔서 지도했다. 그때부터 민간요법을 한 것이다. 효과도 없었다.

상화는 정확히 자기 병명을 몰랐다. 상화가 병을 알면 충격 받을까봐 알리지 말라고 했다. 나는 끝까지 나을 수 있다고 스스로를 몰아갔고 상화에게도 계속해서 병이 나을 수 있도록 노력해야 한다고 설명했다. 병을 알리지 않은 것은 상화가 악화될까봐 걱정되기도 했지만 나도 급작스럽게 닥친 이 엄청난 상황을 받아들일 수가 없었다. 상화를 걱정한 많은 사람들이 왔다 갔고 아이들이 쉼 없이 엄마를 간호했다. 담도암이라 온몸이 가렵고 얼굴은 샛노랗게 말라갔다. 2004년 3월 초 봄이 왔는데 갑자기 떡국 떡같이 큰 눈송이가 가득 내렸다. 나는 신문을 보고 있었고 얼굴이 노랗게 병색이 깊었던 상화는 소파에 앉아 마지막으로 내리는 눈을 하염없이 바라봤다.

병이 깊어 충남대학교 병원에 다시 입원했다. 셋째가 엄마도 이제 본인이 어떤 상태인지 알아야 한다고 울면서 엄마 병이 더 이상 회복이 어렵다고 말했다. 그 얘기를 들었을 때 상화는 비로소 놀란 표정을 지었다. 그러나 이미 기력이 소진돼 자신이 얼마 살지 못할 거라는 상황을 받아들이는 것 같았다. 남아있는 아이들에게 하고 싶은 얘기가 있냐고 물었더니 "나는 평소에 다 이야기해서 더 할 말이 없다"라고 했다. 진실된 삶을 평생 실천한 상화의 말이었다. 어머니가 돌아가시고 열흘 뒤인 2004년 4월 21일에 상화가 떠났다. 다행히도 다섯째 상진이가 밤새도록 곁에 있으며 임종을 지켰다. 전민동성당 장례미사 때 상화를 알던 신자들과 친지들이 함께 울고 가족들도 너무 많이 울었다. 성환 천주교공원묘원에 상화를 묻을 때도 나와 아이들은 계속해서 눈물을 흘렸다. 상화는 우리 모두에게 지극히 사랑을 베풀고 갔다.

내가 살면서 어머니와 아내가 둘 다 중환으로 세상을 떠나던 그때처럼 망연자실한 적이 없었다. 일생일대의 질곡이었다. 열흘 상간으로 나를 지탱했던 절대적인 사람 어머니와 아내를 잃었다. 상화를 보내고 나니 평소 아내를 더 잘해주고 싶었는데 마음 먹은 대로 되지 않았던 것이 제일 후회스럽다. 그렇게 상화가 잘했던 예능의 재능을 알고 있었는데도 그것을 제대로 뒷받침하지 못한 것이 후회된다. 상화가 실제 하고 싶었던 일은 많은 자녀들의 뒷바라지와 계속해서 닥치는 아이들 학업에 밀릴 수밖에 없었다. 아내를 제때 키워주지 못한 죄책감이 굉장히 컸다. 나는 상화가 더 오래 살 줄 알았다. 건강한 체질이라고 생각했다. 건강을 제대로 못 챙긴 것이 너무 후회된다. 그렇게 상화를 보내고 어느 날 점심에 식당에 갔더니 상화 고등학교 동창들이 식사를 하고 있었다. 그곳에 상화만 없었다. 마음이 아파 두고두고 슬펐다.

정상화, 대전여고 동기들과 소풍(57. 봄 추정)

대전여고 학도호국단 대대장(58.)

장모님과 정상화, 대전여고 졸업(59. 2)

정상화 글라라 혼배미사 영성체(63. 11. 20)

천주교 대전교구 제2대 황민성 베드로 주교님과 목동성당에서(70. 7)

주한교황대사 루이지 도세나 대주교 대전목동성당 방문 기념, 황민성 베드로 주교님과 함께(73. 추정)

대전교구 제6차 여성꾸르실료 임원 봉사 기념, 황민성 베드로 주교님과 배 요셉 신부님과 함께(77. 8. 11)

대전교구 제6차 여성꾸르실료 임원 봉사 기념, 배 요셉 신부님과 함께(77. 8. 11)

총장 공관 응접실에 놓인 딸기 그림(89.)

정상화 제1차 꽃그림전시회, 해바라기(98.)

정상화 제1차 꽃그림전시회에서 상화와 함께(99. 11. 2)

정상화 제2차 꽃그림전시회, 보랏빛 국화(2002.)

정상화 제2차 꽃그림 전시회에서(2003. 9. 23)

정상화 제2차 꽃그림 전시회에서(2003. 9. 23)

정상화 제2차 꽃그림전시회, 캐나다 동생들이 보낸 화환 앞에서(2003. 9. 23)

캐나다 캘거리에서 동생들과 함께(94. 8. 12)

캐나다 캘거리에서 상화 동서들과 함께(94. 8. 12)

캐나다 캘거리에서 상화와 함께(94. 8. 12)

3. 우리성서모임, 성경공부

　2004년 11월, 대전 성모초등학교를 설립한 예수수도회에서 우리성서모임 공부를 시작했다. 성모초등학교는 우리 아이들이 모두 나온 학교다. 여성, 어린이, 청소년 교육을 위해 64년도에 들어온 수도회가 바로 예수수도회였다. 나는 우리성서모임 12기였다. 상화도 7기로 우리성서모임을 마쳤는데 상화와 똑같은 과정이었다. 상화는 우리성서모임을 설립한 이 카리타스 수녀님, 우 델피나 수녀님과 함께 했고, 나는 우 스텔라 수녀님, 김 클라라 수녀님과 함께 공부했다.

　내가 우리성서모임을 시작한 것은 우연이라고는 믿기 힘든 하느님의 은총이었다. 그날 성모학교에서 행사가 있어 갔다가 혼자 식당에 가서 식사를 하고 있었다. 김연희 클라라 수녀님이 다가와서 "저는 우리성서모임을 담당하고 있는 김 클라라 수녀입니다. 로마에서 공부 마치고 우리성서모임 소임을 맡아 수녀원에서 처음 만난 분이 정상화 글라라 씨입니다. 저에게 글라라 씨는 우리성서모임에서 만난 사람들에게 고유한 향기를 느끼도록 상기시켜 준 소중한 분입니다. 오 총장님께서 11월에 시작하는 12기 우리성서모임을 하시면 어떨까요?" 하고 조심스럽게 권유하셨다. 전화번호를 달라고 해서 드렸고 결국 우리성서모임 공부를 셋째와 같이 시작하기로 했다. 클라라 수녀님은 이게 다 글라라 씨가 본인을 통해서 남편을 성서공부로 이끌었다고 말씀하셨다. 내가 먼저 다가간 것이 아닌 상화가 나를 일깨워 주었다. 나는 3년간 빠지지 않고 다니면서 성경공부를 했다. 성경을 열심히 적고 공부도 했고 말씀 성찰도 했다. 마지막에 연극도 했는데 내가 하느님 역할을 맡아서 했다. 같은 팀과 음악에 맞춰 율동도 하면서 우리성서모임 3년 과정을 마무리했다. 상화도 이렇게 성경공부를 하고 마쳤구나 하고 생각했다.

　상화가 성서공부를 마친 후 그리스와 터키로 성지순례 갔다 온 이야기를 평소 많이 했었다. 터키 빵이 너무 맛있다고 했고 카리타스 수녀님을 졸라 일정에 없던 터키 로마식 야외 원형극장을 방문하고 음악을 들으며 행복했다고 말한 모습도 생각났다. 나도 상화가 다녀왔던 터키 성지순례를 가고 싶었는데 여행사에서 나이가 많다고 해 결국 못 가게 됐다. 충분히 갈 수 있다고 생각했기에 서운했다. 김 클라라 수녀님은 상화가 졸업할 무렵과 성서봉사자일 때 2년 남짓 알고 지냈다. 상화가 하늘로 가기 전날 병원에 가서 마지막으로 상화의 발을 만져 주었다고 한다. 그러면서 언제나 온화하고 겸손한 향기로 주변 사람들을 따뜻하게 이끈 글라라 씨를 그 마지막 시기에 만나게 해주신 하느님께 감사하다고 했다.

지나놓고 보니 우리성서모임 3년의 시간은 갑자기 아내를 잃은 허전함과 슬픔을 신앙으로 조금씩 채워갈 수 있게 용기와 힘을 받은 기간이었다. 성경을 통해 실천해야 하는 신앙생활을 생각만큼 잘하지 못한 것 같아 후회가 되기도 한다. 그래도 우리성서모임 공부를 통해 상화를 더 이해할 수 있었고 젊은 시절 처음 가졌던 신앙에 대한 초심을 잃지 않았다는 것에 하느님께 감사했다.

사랑하는 친구 장정자 루치아, 이 카리타스 수녀님, 정상화 글라라, 우 델피나 수녀님과 우리성서모임 국내성지순례(2002. 5)

우리성서모임 성지순례, 이 카리타스 수녀님과 터키 로마식 야외원형극장에서 (2002. 7)

우리성서모임 7기 졸업무대, 김 클라라 수녀님(오른쪽 위), 우 델피나 수녀님과 함께(2002. 10)

우리성서모임 12기 졸업연극, 하느님 역할(2007. 10)

우리성서모임 12기 졸업연극 후 율동(2007. 10)

6. 삶을 돌아보며

4. 내 주변의 사라지는 것들

나이가 들수록 내가 좋아하고 가까이 했던 것들이 점차 사라지기 시작한다. 나는 많은 식구를 건사하고 신용협동조합 임원과 충남대학교 교수를 하는 그 바쁜 와중에도 짬짬이 좋아하는 운동과 취미를 즐겼다. 담배와 커피는 애호하는 기호품이었고 골프와 바둑은 가장 즐겨 한 스포츠였다. 또 포럼도 설립해 뜻을 같이하는 사람들과 의견을 주고받으며 모임을 주도적으로 이끌어갔었다.

담배는 가장 긴 기간 손에서 놓을 수 없었던 품목이었다. 처음 담배를 배웠던 때도 마지막으로 담배를 끊은 때도 선명히 기억한다. 6·25 전쟁 중 고등학교 때 북한 인민군을 피해 산에 숨어있었던 적이 있었다. 그때 할 일은 없고 같이 있던 사람이 피면서 담배를 처음 배웠다. 한참 때 담배는 하루에 두 갑 정도 피웠다. 나는 담배를 주로 공부할 때 피웠다. 특히 고등학교 수험 공부할 때 많이 피웠다. 훗날 충남대학교 경상대학 경영학과 교수로 있으면서 수업시간에 담배를 피우기도 했다. 집 안에서도 많이 피웠다. 그때는 아무도 뭐라 하지 않았다. 원래 담배가 남에게 권장할 만하지도 않고 인체에 유해하기 때문에 담배에 관한 좋은 기억은 없다. 담배가 몸에 해롭다고 해도 해왔던 담배를 딱히 끊을 이유는 없었다. 그런데 상화가 암으로 아플 때 담배 냄새가 싫다고 해서 평생 피워왔던 담배를 그날로 끊었다. 담배를 끊는 건 정말 힘든 일이지만 상화를 위해 단번에 끊은 것은 반드시 병을 이기겠다는 의지의 표현이었다. 그 뒤로 담배는 전혀 입에 대지 않았다.

커피는 하루에 4~5잔을 마실 정도로 좋아했다. 특히 미군부대에서 박 루이스 신부님이 사다 주신 커피가 맛있어서 잘 먹었던 기억이 난다. 그렇게 커피를 좋아했던 내가 간암이 생긴 80대 초부터는 몸에서 민감하게 반응해 끊었다. 실제로 커피를 마시면 잠을 잘 못자서 더는 마실 수가 없다. 지금도 다른 사람이 커피 마시는 걸 보면 먹고 싶다.

나는 초등학교 고학년 때부터 아버지 어깨 너머로 바둑을 배웠다. 아버지가 바둑을 좋아했다. 아버지는 잘 두지는 못했지만 우리 집이 바둑 집합소였다. 아버지가 내기바둑도

하고 동물 뼈에 글씨를 새겨서 하는 골패놀이도 집에서 하셨다. 중요한 일이나 사업에 관련된 일에는 크게 관심 없고, 동네사람들과 바둑을 두고 골패를 하니 어머니랑 자주 싸웠다. 그래서 어머니가 이런 악담을 했다. "너의 아버지 저승에 갈 때 골패 넣어드려라." 나는 이런 관계로 골패는 안 했고 바둑만 주로 두었다. 특히 내가 중고등학교 때 우리 집 옆에 나랑 한 살 차이 나는 이군이라는 친구가 있었다. 둘이서 밤을 꼬박 새워서 바둑을 두곤 했다. 오히려 대학교 때는 일하고 공부하느라 간간이 두었다. 나는 책을 보기도 하고 유단자들이 둘 때 구경도 하면서 바둑 실력을 키웠다. 대학교 졸업할 즈음이 전성기로 실력은 아마추어 3단 정도 될 것이다.

공군사관학교 교관으로 있을 때 식당에 바둑판이 있었다. 당시 공사 교장이 바둑을 좋아했다. 밥만 먹으면 나를 어서 오라고 해서 바둑을 두었다. 내가 교장보다 바둑을 더 잘 두어서 자꾸 불렀다. 바둑 두다가 강의 시간에 늦은 적이 있었는데 교장이 봐줘서 넘어가기도 했다. 경상대 학장을 하고 있었을 때 경제학과 H 교수의 간청을 못 이겨 학교에서 바둑을 둔 적이 있다. 한겨울 추운 날씨에 난로도 안 때고 있는 상황에서 바둑을 두었다. 집에 가려고 일어나니까 밤 12시가 넘었다. 배는 고프고 날은 춥고 눈이 1미터는 온 것 같았다. 그때 차를 몰고 집으로 가니까 새벽 2시였다. 간신히 운전을 하고 갔다. 그때는 핸드폰도 없어서 연락도 못 하고 그렇게 집에 갔다. 그 정도로 바둑을 좋아했다. 총장 재직 시에도 바둑대회는 개최됐다.

한번은 선화동 살 때 은행동에 직장이 있는 제자 결혼식 주례를 맡은 적이 있었다. 겨울이었다. 결혼식장을 향해 가는데 바둑 친구를 우연히 만났다. 어디 가느냐고 내가 물었더니 나와 같은 결혼식을 간다고 했다. 결혼식까지는 대략 1시간 20분이 남아 있었다. 그래서 내가 딱 한 판만 두자고 했다. 옛 충남도청 앞 코너에 있는 창신상사 건물에 바둑 두는 장소가 있었다. 은행동 예식장까지는 그리 멀지 않았다. 평소에 내가 그 친구랑 내기바둑을 하는데 마침 그날 첫 판을 졌다. 그래서 내가 한 판만 더 두자고 했다. 두 번째 바둑은 이겼다. 그런데 시간을 보니 결혼식이 10분이나 지났다. 바둑 둔 곳에서 10분 정도 되는 거리를 뛰어갔다. 다른 사람이 주례를 하고 있었다. 할 말이 없었다. 이렇게 나는 바둑을 한번 두면 깊이 빠져서 시간 가는 줄 모르고 계속 두기도 했다.

나이를 먹어도 바둑은 시간 보내기 좋은 소일거리였다. 집에서도 평소에 바둑 TV는 꾸준히 보곤 했다. 85세 정도까지도 전민동 바둑교실에서 일주일에 한두 번은 바둑을 두곤 했다. 그런데 이제는 같이 바둑 두던 바둑 친구도 먼저 저세상으로 갔고 코로나로 사람도 만날 수 없다. 눈도 잘 안 보여 바둑을 더 이상 둘 수 없다.

1984년경 처음 시작한 골프는 운동도 하면서 학교와 많은 인간관계를 연결하는 중요한 소통 창구였다. 경영대학원 경영자과정을 운영할 때도 많이 쳤고 국내뿐 아니라 일본, 중국, 미국, 캐나다 등 외국에서도 쳤다. 캐나다 갔을 때는 동생들과도 골프를 종종 쳤다. 캐나다 로키산맥의 아름다운 경관과 너른 풍경을 보며 가족과 함께 하는 운동이 참 좋았다. 모든 공식적인 업무를 마치고 난 60대가 오히려 골프의 전성기였다. 그런데 점점 골프 치는 횟수가 줄기 시작했다. 차츰 줄어들어 한 달에 한 번 치다가 일 년에 몇 번 치다가 75세경부터는 더 이상 골프를 치지 않았다. 그런데 단순히 나이를 먹어서 안 친 것이 아니었다. 내가 좋아하던 골프를 그만둔 데는 상화가 먼저 간 것이 가장 컸다. 상화가 없으니 그렇게 좋아하던 골프도 재미가 떨어지기 시작했다. 그렇게 좋아했는데 더 이상 즐겁지 않았다.

끝으로 나는 계정(桂頂)포럼을 만들어서 지금까지 정치적인 뜻을 규합했다. 계정은 월계관이란 뜻을 가진 내 호였다. 뜻을 실현하기 위해 우리나라 정치적인 고비마다 모임과 활동, 모금을 했으나 결국 뜻을 이루지는 못했다. 2002년 6월경부터 시작해서 지금 2023년이 됐으니 벌써 20년이 넘는 기간 동안 포럼을 이끌었다. 그러나 이 또한 숫자가 점차 줄어들고 있다. 긴 시간 함께해준 계정포럼 회원들에게 고마운 마음이다. 한편 70대 후반 뒤늦은 나이에 이승규 장로를 새로 만난 것은 내 주변이 사라지는 중 단비같이 다가온 친구라 참 소중하다. 신실하고 한결같은 친구를 인생 후반에 만난 것이 너무나 감사하다.

바둑 두기(82. 9. 26)

바둑 두기(82. 추정)

6. 삶을 돌아보며

총장배 바둑대회, 경상대 교수 시절(85. 추정)

제9회 전국대학생 바둑대회(90. 5. 26)

강사 시절 담배 피며(64. 추정)

충남대학교 경영대학원 경영자과정 운영과 골프

캐나다 골프장 카트에서(87. 6. 26)

캐나다 골프장에서(87. 6. 26)

5. 삶을 돌아보며

2004년 4월 21일에 상화를 보내고 여름부터 준비해서 2005년 1주기 때 전민동성당에서 1주기 추도미사를 드렸다. 특별히 미사 후 성당 근처 길상 레스토랑에서 추모 시화집 발간 기념회를 가졌다. 정상화 글라라 추모 시화집 『꽃과 시와 사랑과』에는 상화가 쓴 시와 그림, 나와 가족, 친지들이 추모하며 쓴 글이 실려 있다. 책을 준비하고 그동안 어머니와 아내를 보낸 일련의 여러 가지 일들이 많아서 그랬는지 그해 여름 간에 농양이 생겨서 충남대병원에 한 달간 입원했다. 자동차 사고가 났는데 고열에 거의 정신을 잃은 상태로 다른 차를 박고 멈추었다. 사고 후 내가 정신이 없어 보이니까 상대방 차주가 술 마시고 음주운전 했다고 착각했다. 병원에 갔는데 간에 농양이 생겨서 고열이 나고 사고가 난 것이었다. 나는 지금도 그때 사고 났던 기억이 하나도 안 난다.

그런데 2010년경 간에 점 같은 암이 생겼는데 그게 0기 암이었다. 이 점 같은 암을 제거하는 시술을 하고 계속 추적관찰을 했다. 2012년에 다시 간에 농양이 재발해서 충남대병원에 45일간 입원했다. 7년 전 첫 번째 농양이 생겼을 때보다 더 심해진 것이었다. 그해 정말 더웠는데 여름 내내 병원에서 지냈다. 병문안 온 사람들이 지금 밖이 너무 더운데 그나마 병원이 시원하다고 했다. 다행히 염증이 잘 아물었다. 긴 시간 병원에 입원하고 있었던 그때 성경 신약과 구약을 처음부터 끝까지 다 필사했다.

2016년도 3월경 정기 검진을 하러 충남대병원에 갔을 때 간 복막에 좁쌀 같은 암세포가 확 퍼졌다고 했다. 7월경 서울대학교 내과 김윤준 교수가 점 같은 증상을 제거하는 시술을 했다. 복막은 건들지 못하고 약물치료를 시작했다. 그 뒤로 2023년 2월이 된 지금까지 약물치료를 계속하고 있다. 다행히 신약으로 조절되고 있지만 부작용이 있어 근육이 많이 빠졌다. 그래도 이만하면 잘 이겨내고 있다고 생각한다. 둘째와 함께 3개월에 한 번씩 CT를 찍고 3개월에 한 번씩 담당 의사를 만나러 서울대학교 병원을 간다. 이제는 거동이 힘들어 먼 거리는 가기 어려운데, 그나마 서울대병원에 갈 때 친구들과 만날 사람들을 약속해서 만나는 기쁨도 있다.

돌이켜보니 시간이 너무 빠르게 흐르고 인생이 짧다는 생각이 든다. 88세를 넘기면서 그동안 나를 알고 지냈던 상당수가 이미 세상을 떠났다. 어머니와 아내를 포함해 동생들, 친한 친구들도 거의 다 세상을 떴다. 지나놓고 보니 내 인생은 아내 상화를 만나면서 발전하고 뻗어나갈 수 있었다. 상화는 그 모든 일에 함께했고 말하지 않아도 가장 나를 잘 이해하고 지지했던 유일한 사람이었다. 상화가 떠나고 난 후 쇠퇴하기 시작했고 그 이후 삶은 뭘 해도 그리 기쁘지 않았다. 이제는 몸도 마음도 많이 쇠약해졌다. 그래도 신앙은 한평생 나를 지킨 힘이었다. 가족을 건사하고 가문을 일으키려 무진 애를 쓴 것도, 신용협동조합연합회 회장으로 경제와 나라를 부강하게 만들려고 했던 것도, 충남대학교 총장이 되어 학교와 지역사회를 발전시키려고 한 것도 모두 다 신앙이 밑바탕이 돼서 실천하려고 노력한 결과였다. 진정 혼신의 힘을 다해 살아간 나의 삶이었다. 언제나 용기를 내어 부딪치며 살아갔던 삶이었다. 부족했고 아쉬움도 있지만 감사할 일이 더 많다. 내가 살아왔던 모든 것이 주님이 베풀어주신 은총이라고 느낀다. 나를 사랑하고 살펴준 자식들과 친구들, 그리고 주변 모든 사람에게 진심으로 감사의 마음을 전한다.

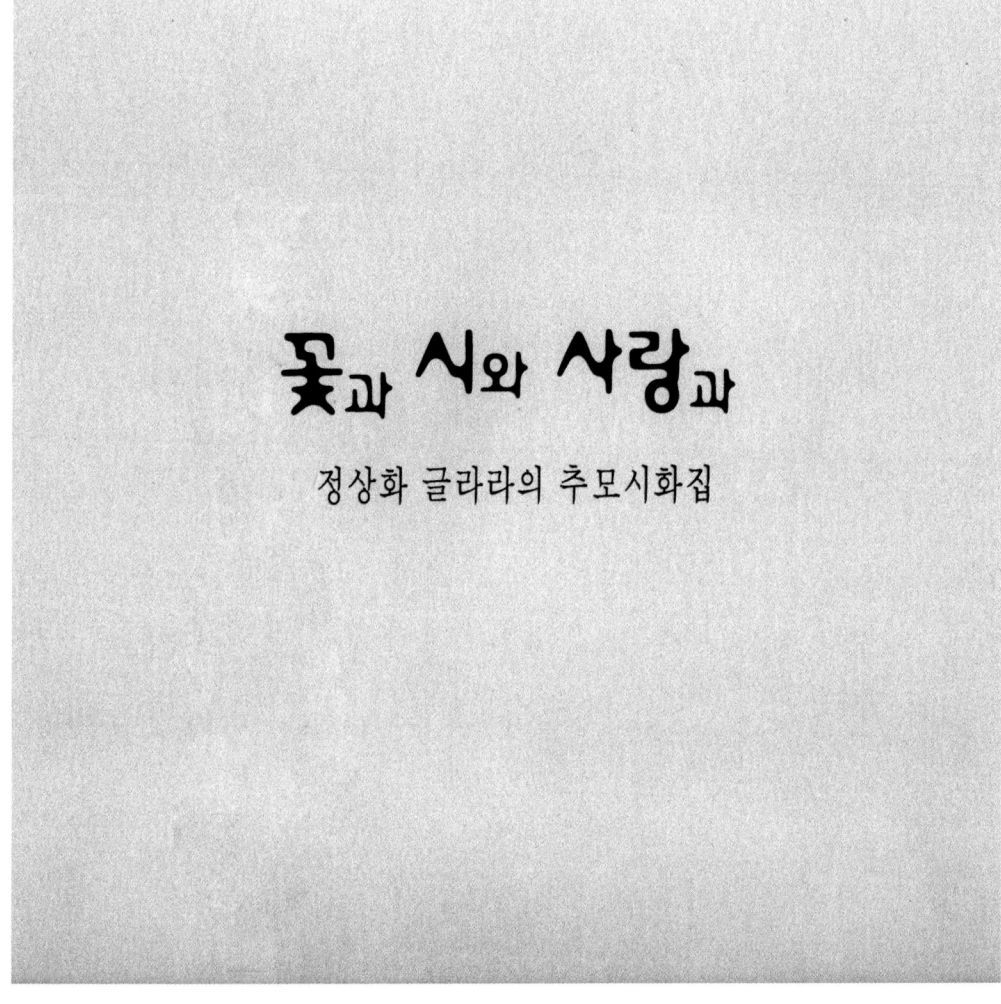

정상화 글라라의 추모시화집, 꽃과 시와 사랑과 (2005. 4. 20)

캐나다 레이크 루이스 호숫가에서

오덕균 총장의 약력

학력

1934년 9월 5일 출생

1947년 4월. 대전삼성국민학교 졸업

1953년 3월. 대전공업고등학교 토목과 졸업

1957년 3월. 서울대학교 상과대학 경제학과 졸업

1957년 8월 15일~60년 9월 30일. 공군사관학교 교수부 경제학 교관

1971년 5월. 이스라엘, Afro-Asian Institute 협동조합과정 수료

1972년 8월. 캐나다 St. Francis Xavier University, Coady 국제연구원 사회개발과정 수료

1974년 8월. 단국대학교 대학원 경제학박사 학위 수위

약력

1962년 9월. 충남대학교 문리과대학 경상학과, 경상대학 경영학과 강사

1965년 12월~89년 3월. 충남대학교 경상대학 경영학과 전임강사, 조교수, 부교수, 교수

1974년 11월~79년 2월. 충남대학교 5~7대 경영대학원장

1979년 3월 1일~81년 2월 28일. 충남대학교 초대 경상대학장

1983년 1월~8월. 미국 New York 대학교 경영대학원 교환교수

1985년 3월 1일~87년 3월 18일. 충남대학교 경상대학 4대 경상대학장

1989년 3월 22일~93년 3월 21일. 충남대학교 제11대 총장

1993년. 대전대학교 경영대학원 객원교수

1993~95년. 대전산업대학교(현 한밭대학교) 석좌교수

1995년 6월~98년 5월. (사)대전엑스포기념재단 이사장

사회활동

1968년. 대전 최초 목동신용협동조합 설립, 부이사장

1969년. 신용협동조합 충남지구평의회 간사장

1970년 2월~72년 3월. 천주교 대전교구 평신도사도직단체협의회 3대 회장

1971년. 한국신용협동조합연합회 이사

1971~79년. 신용협동조합연합회 충남도지부 회장

1972~80년. 신용협동조합연합회 부회장

1973~75년. 대전중앙신용협동조합 이사장

1983년 2월 25일~85년 8월 31일. 신용협동조합연합회 제18~19대 회장

오덕균 개인 전기집

혼신의 힘을 다한 나의 삶

1판 1쇄 발행 | 2023년 2월 25일

지은이 오덕균, 오지희
펴낸이 김재선
발행처 예솔
주소 서울시 마포구 양화로 6길 9-24 동우빌딩 4층
전화 02-3142-1663(영업), 335-1662(편집)   **팩스** 02-335-1643
출판등록 제2002-000080호(2002.3.21)
홈페이지 www.yesolpress.com   **E-mail** yesolpress@naver.com

ISBN 978-89-5916-998-6   03990

* 책값은 뒤표지에 표시되어 있습니다.
  본 책의 일부 또는 전체를 예솔의 허락 없이 복사하거나 전재할 수 없습니다.